La violencia del amor

La violencia del amor

Oscar Romero

PLOUGH PUBLISHING HOUSE

19 18 17 16 15   12 11 10 9 8 7 6 5 4

A catalog record for this book is available from the British Library.

Library of Congress Cataloging-in-Publication Data
Romero, Oscar A. (Oscar Arnulfo), 1917-1980.
La violencia del amor / Oscar Romero.
p. cm.
ISBN 0-87486-920-X (pbk. : alk. paper)
1. Romero, Oscar A. (Oscar Arnulfo), 1917-1980. 2. Catholic Church-El
Salvador-Bishops-Biography. I. Title.
BX4705.R669 A3 2001
252'.02—dc21
2001006377

ISBN: 0-87486-920-X

Printed in the USA

Jamás hemos predicado violencia.
Solamente la violencia del amor,
la que dejó a Cristo clavado en una cruz,
   la que se hace cada uno para vencer sus egoísmos
   y para que no haya desigualdades
   tan crueles entre nosotros.
Esa violencia no es la de la espada,
   la del odio.
Es la violencia del amor,
   la de la fraternidad,
la que quiere convertir las armas
   en hoces para el trabajo.

OSCAR ROMERO, 27 DE NOVIEMBRE DE 1977

Nota editorial

Nos complacemos en ofrecer, en su versión original, esta selección de la palabra de Monseñor Oscar Romero (1917–1980), arzobispo de San Salvador desde 1977 hasta su asesinato el 24 de marzo de 1980. Los textos fueron escogidos por James R. Brockman, S.J. (1926–1999), conocedor íntimo del pensamiento de Oscar Romero, y cuya espléndida traducción al inglés ha sido publicada ya por esta editorial bajo el título *The Violence of Love*.

Conscientes de que (con excepción de algunos artículos periodísticos) se trata de transcripciones literales de las homilías de Monseñor Romero, reproducimos aquí la palabra hablada en su estilo original. En muy pocos casos hemos hecho ligeras alteraciones o intercalado una o dos palabras entre corchetes, cuando era indicado por la falta de contexto o para facilitar la lectura.

Damos las gracias a quienes han aportado su valiosísima ayuda a la preparación de este libro, entre ellos en primer lugar a la Arquidiócesis de San Salvador por otorgar permiso para la publicación de los textos en español. Agradecemos el valioso apoyo recibido desde Chicago: de la Provincia de la Compañía de Jesús, del Archivo y Departamento de Colecciones Especiales de la Universidad DePaul, y de Miguel Arias, editor de adquisiciones en *Liturgy Training Publications* de la Arquidiócesis; asimismo desde Valencia, de Juan Bosch Navarro, O.P., de la Facultad de Teología.

No le escapará al lector que las palabras de Oscar Romero, lejos de pertenecer a la historia, son de candente actualidad. Confiamos en que servirán de estímulo para despertar las conciencias y examinar más a fondo nuestra responsabilidad, individual y colectiva, por el mundo que hemos construido. Compartimos la fe de Monseñor Romero, que tiene que vencer el amor. *Septiembre de 2001*

Índice

Prólogo

UN PROFUNDO SILENCIO me invadió cuando llegué al final de este librito... A medida que leía, era como si el espíritu de Oscar Romero me ayudara a acercarme a la verdad, a una auténtica relación con Dios. Me había sucedido algo extraordinario, algo totalmente nuevo. No es fácil describirlo. El encuentro con el sencillo lenguaje de Monseñor Romero fue para mí el encuentro con un hombre de Dios cuya humildad y valentía llaman a la conversión, al compromiso, a la acción. Quisiera ofrecer, a quienes tomen en sus manos este pequeño libro, la posibilidad de un encuentro similar.

Oscar Romero es un humilde servidor de Dios. Su humildad impregna sus palabras, y quizá por esto me da tanto gusto leerlas. Por más inexorables que sean, son palabras de un amigo. Oscar Romero no nos habla desde la distancia; no oculta sus temores, sus incertidumbres, sus penas y mortificaciones, sus vacilaciones. En sus palabras hay una ternura que toca el corazón, como si él caminara a mi lado con su brazo sobre mis hombros, compartiendo mis batallas e inquietudes: "Sabe Dios cuánto me costó venir a la capital a mí también. Qué tímido me he sentido ante ustedes...". Habla de su actitud frente a su pueblo: "La actitud que hay que tomar... no es decir: 'Yo mando aquí...'. Tienes que estar pendiente de la mano del Señor para servir al pueblo según la voluntad de Dios y no según tu capricho". No quiere ser diferente: "El pastor no quiere seguridad mientras no le den seguridad a su rebaño." Sabe que recibe tanto o más de lo que da: "Precisamente en los carismas que el Espíritu da al pueblo, el obispo encuentra la piedra de toque de su humildad y de su autenticidad". "Con este pueblo no cuesta ser un buen pastor. Es un pueblo que empuja a su servicio...". Pide que le perdonen y

oren por él: "Pido perdón por no haber servido con toda entereza con que el evangelio nos pide." "Les pido oraciones para ser
fiel a esta promesa, que no abandonaré a mi pueblo, sino que
correré con él todos los riesgos que mi ministerio exige". En verdad, quien habla de esta manera es un buen pastor, dispuesto a
dar la vida por sus amigos. Todo esto—su propia humanidad
atormentada, sus temores, sus pecados, sus esperanzas—todo lo
ofrece para que yo abra mi corazón y oiga su palabra de fe.

Su fe, su confianza en Jesucristo, nutrida en el suelo fértil de
su humildad, es absoluta e ilimitada. Oyéndolo hablar, no me
cabe duda que Oscar Romero tiene la mirada fija en Jesucristo
para caminar seguro a través del dolor y sufrimiento de su pueblo. En medio de la desesperación, exhorta a la esperanza:
"Cuanto más llenos de angustias y de problemas, cuanto más insolubles parecen los caminos de la vida, mirar hacia las alturas y
oír la gran noticia: ¡Os ha nacido un Salvador!" En medio de la
impotencia, invita a la osadía: "No nos desanimemos... como si
las realidades humanas hicieran imposible la realización de los
proyectos de Dios." En medio de la agonía, anuncia la resurrección: "Esos desaparecidos aparecerán. Ese dolor... será Pascua de
Resurrección si nos unimos a Cristo". En medio de la violencia,
predica las bienaventuranzas: Hay jóvenes que "optan por la
violencia, por la guerrilla, por la revolución." La opción de la
Iglesia es por las bienaventuranzas de Cristo, que "sembraba una
revolución moral... en que los hombres nos vayamos convirtiendo de los pensamientos mundanos". En medio del odio, proclama el amor: "No nos cansemos de predicar el amor. Sí, ésta es la
fuerza que vencerá al mundo". Su confianza es tal que puede decir, sin ambages: "Simplemente quiero ser el constructor de una
gran afirmación, la afirmación de Dios, que nos ama y nos quiere salvar". A medida que las palabras de Monseñor Romero pe-
netran mi corazón, este hombre, con su humildad y su
confianza, personifica—para mí también—una afirmación
grandiosa del inexhausto amor de Dios.

¿Cómo responder a una voz que—con humildad y, a la vez, con energía—me ha afectado tan profundamente? Este libro me dice claramente qué es lo que Oscar Romero espera de mí. Sus palabras, que exhortan a la conversión y a la acción, en aquel tiempo las dirigió a todo el pueblo salvadoreño: a gente de la izquierda y gente de la derecha, a gente que apoyaba a la guerrilla y gente del gobierno y del ejército, a gente por ser asesinada y a sus asesinos, a los oprimidos y a sus opresores. Hoy sus palabras, consagradas por su martirio, se dirigen a todos los pueblos, y muy especialmente al pueblo de los Estados Unidos de América. Hoy sus palabras exigen una respuesta, no sólo del pueblo de El Salvador, sino de todos nosotros que hemos participado—voluntaria o involuntariamente, a sabiendas o en ignorancia—en la violencia y destrucción que sufren los salvadoreños. Y, ¿quiénes somos nosotros? Quiera o no, somos los acaudalados, los poderosos, los opresores, quienes financiamos las armas que matan y torturan en El Salvador.

Oscar Romero nos llama a la conversión. Lo dice a voz en cuello: "Y puedo perfectamente llamar a todos: Convirtámonos para que Cristo mire nuestra fe y se apiade de nosotros". Y a mí, cristiano del mundo desarrollado, me dice claramente: "Es entonces cuando el hombre comienza a sentir la fe y la conversión,... cuando sabe que de nada sirven los capitales y la política y el poder". A mí, cristiano acomodado, me dice: "Cuando hablamos de Iglesia de los pobres, simplemente estamos diciendo a los ricos también: Vuelvan los ojos a esta Iglesia y preocúpense de los pobres como de un asunto propio". Duele oír estas palabras dirigidas a uno mismo, pero puedo aceptarlas—ya que las pronunció un hombre de una fe poco común—y dejar que me encaminen hacia la conversión y el arrepentimiento. No puedo disgregarme de la agonía de El Salvador; soy culpable por haber adorado "los ídolos del dinero, intereses políticos y la seguridad nacional", en lugar de permitir que el Dios de Jesucristo, quien se hizo pobre por mí, dirija toda mi vida y todas mis acciones.

Ahora me cabe confesar mi parte en la violencia que Oscar Romero condena, pedir perdón por los pecados que he cometido contra un pueblo explotado y oprimido, y convertirme.

Pero Oscar Romero exige más. Exige una acción cuya meta es la paz con justicia. Un tema preponderante de sus homilías es la encarnación —Jesucristo es el Verbo hecho carne en la historia. La conversión debe llevar al compromiso: "Se quiere conservar un evangelio tan desencarnado que, por lo tanto, no se mezcla en nada con el mundo que tiene que salvar. Cristo ya está en la historia. Cristo ya está en la entraña del pueblo. Cristo ya está operando los cielos nuevos y la tierra nueva". Oscar Romero no deja lugar a duda de que todo cristiano de verdad participa en la tarea de la liberación: "Cristo ha aparecido... con las señales de una liberación: sacudiendo los yugos opresores, trayendo alegría a los corazones, sembrando esperanza. Y esto es lo que ahora está haciendo Dios en la historia". Oscar Romero insiste, una y otra vez, en el carácter activo de la palabra de Dios: "No podemos segregar la palabra de Dios de la realidad histórica en que se pronuncia... Se hace palabra de Dios porque anima, ilumina, contrasta, repudia, alaba lo que se está haciendo hoy en esta sociedad". Comprometerse con la palabra de Dios significa comprometerse con la historia; exige reconocer, criticar y cambiar las injustas estructuras de una sociedad que causa sufrimiento. Trae conflicto y persecución, y puede que nos exija abandonar todo, hasta la misma vida, por la causa de paz y justicia.

Monseñor Romero nos llama a un arduo servicio: al servicio de la palabra. "Lo que marca la Iglesia auténtica es cuando la palabra quemante, como la de los profetas, anuncia al pueblo y denuncia: las maravillas de Dios para que las crean y las adoren, y los pecados de los hombres que se oponen al Reino de Dios para que los arranquen de sus corazones, de sus sociedades, de sus leyes, de sus organismos que oprimen, que aprisionan, que atropellan los derechos de Dios y de la humanidad. Éste es el servicio difícil de la palabra". Es a este servicio activo que me siento llamado por el mártir de El Salvador. En verdad es una comisión tremenda; es la comisión dada por el mismo Jesucristo, formulada de nuevo hoy en el contexto histórico en el cual vivimos. Por ser cristiano, se me invita, o mejor dicho, se me obliga a trabajar con todas mis fuerzas por la salvación del mundo. Oscar Romero habla claramente de una labor que no se puede espiritualizar: "Todas las costumbres que no estén de acuerdo con el evangelio hay que eliminarlas si queremos salvar al hombre. Hay que salvar no el alma a la hora de morir el hombre; hay que salvar al hombre ya viviendo en la historia". La conversión, pues, me lleva a la acción, una acción por la paz con justicia en la vida práctica y concreta de nuestra sociedad contemporánea.

El encuentro con Oscar Romero, humilde hombre de Dios, lleno de fe, que llama a la conversión y la lucha por la paz con justicia —he aquí el propósito de esta selección. No tuve oportunidad de conocer a Monseñor Romero durante su vida. Más bien, de una manera muy especial, lo conocí a través de su palabra, que en verdad se ha hecho carne no sólo por su manera de vivir, sino también por su modo de morir. Su vida y su muerte lo han investido con una autoridad excepcional —la del pastor que sufre con su pueblo y da su vida por él. Dijo una vez: "Yo siento algo nuevo en la arquidiócesis. Soy hombre frágil, limitado, y no sé qué es lo que está pasando, pero sí sé que Dios lo sabe". Su intuición era acertada: algo muy nuevo está pasando en la Iglesia centroamericana. De la angustia y la agonía de su pueblo, el Espíritu de Dios quiere formar una nueva creación. Ruego que las palabras de Oscar Romero toquen el corazón de quienes las lean y engendren en ellos también aquello nuevo que el mundo espera.

HENRI J. M. NOUWEN (1932–1996)

Prefacio

MONSEÑOR OSCAR ARNULFO ROMERO dio su vida "por la Iglesia y por el pueblo de su querida patria", El Salvador; éstas son las palabras del Papa Juan Pablo II. Su muerte por la bala de un asesino, el 24 de marzo de 1980, culminó una vida dedicada al servicio de sus hermanos como sacerdote y obispo. Intrépido defensor de los pobres y desamparados, alcanzó renombre mundial durante sus tres años como arzobispo de San Salvador. Las universidades de Georgetown y Lovaina le confirieron títulos honoris causa, y miembros del parlamento de Gran Bretaña lo nombraron candidato para el Premio Nobel por la Paz. Al mismo tiempo se ganó la difamación y el odio de miembros de la oligarquía salvadoreña—manifestados en persistentes ataques en los medios de comunicación—que inevitablemente terminaron en su martirio.

Semana tras semana, durante tres años, la voz de Monseñor Romero resonó por todo El Salvador, condenando asesinatos y torturas y exhortando al pueblo a trabajar por la paz y el perdón y por una sociedad más justa. A través de la emisora arquidiocesana (cuando no sufrió interferencia en la transmisión ni excesivo daño por atentados con dinamita) el país entero estaba pendiente de sus palabras. Sin falta, los domingos por la mañana su voz resonaba por la radio; se escuchaba en todas partes, sobre todo en los barrios pobres y las aldeas campesinas.

Su excepcional elocuencia no consistía en la redacción de elegantes sermones, sino en hablar directamente a sus oyentes acerca de la propia vida que ellos conocían —la vida de los pobres, cuyo sufrimiento "toca el corazón mismo de Dios". La mayoría de los salvadoreños son pobres. Y eran mayormente los pobres quienes los domingos a las 8 de la mañana llenaban la catedral para asistir a la misa de Monseñor, y eran los pobres quienes lo rodeaban en ocasión de sus visitas a los más remotos pueblitos de su diócesis. Mas gente de toda clase afirmaba que la presencia y las palabras de Romero daban nuevo vigor a su fe. Él, a su vez, veía su propia fe vigorizada por el eco que encontraba en el pueblo.

Esta selección del pensamiento de Monseñor Romero se ha hecho para que otros se encuentren con la fuerza de su fe y el impacto de sus palabras.

JAMES R. BROCKMAN, S.J. (1926–1999)

CAPÍTULO 1

Una Iglesia peregrina

No lo olvidemos:
Somos una Iglesia peregrina,
  expuesta a la incomprensión,
  a la persecución,
pero una Iglesia que camina serena
porque lleva esa fuerza del amor[1].

14 DE MARZO DE 1977

La doctrina social de la Iglesia les dice a los hombres que la religión cristiana no es un sentido solamente horizontal, espiritualista, olvidándose de la miseria que lo rodea. Es un mirar a Dios, y desde Dios mirar al prójimo como hermano y sentir que "todo lo que hiciereis a uno de éstos, a mí lo hicisteis"[2].

Esta doctrina social ojalá la conocieran los movimientos sensibilizados en cuestión social. No se expondrían a fracasos o miopismo, a una miopía que no hace ver más que las cosas temporales, estructuras del tiempo. Y mientras no se viva una conversión en el corazón, una doctrina que se ilumina por la fe para organizar la vida según el corazón de Dios, todo será endeble, revolucionario, pasajero, violento. Ninguna de esas cosas son cristianas.

14 DE MARZO DE 1977

Seremos firmes, sí, en defender nuestros derechos,
pero con un gran amor en el corazón,
porque al defender así con amor
estamos buscando también la conversión
de los pecadores.
Ésa es la venganza del cristiano[3].

19 DE JUNIO DE 1977

Ustedes como cristianos formados en el evangelio
tienen el derecho de organizarse,
de tomar decisiones concretas,
inspirados en su evangelio.
Pero mucho cuidado en traicionar esas convicciones
evangélicas, cristianas, sobrenaturales,
en compañía de otras liberaciones
que pueden ser meramente económicas,
temporales,
políticas.
El cristianismo, aun colaborando en la liberación
con otras ideologías,
debe de conservar su liberación original.

19 DE JUNIO DE 1977

Digo una palabra de ánimo,
porque la luz del Señor
seguirá siempre iluminando estos caminos.
Nuevos pastores vendrán,
pero siempre el mismo evangelio.

19 DE JUNIO DE 1977

Es necesario entonces que aprendamos
esa invitación de Cristo:
"El que quiera venir en pos de mí
niéguese a sí mismo"[4].
Niéguese a sí mismo,
    niéguese a sus comodidades,
    niéguese a sus opiniones personales
y siga únicamente el pensamiento de Cristo,
    que nos puede llevar a la muerte,
pero seguramente nos llevará
    también a la resurrección.

19 DE JUNIO DE 1977

Uno de los signos de los tiempos actuales es este sentido de participación, ese derecho que cada hombre tiene a participar en la
construcción de su propio bien común. Por eso, una de las
conculcaciones más peligrosas de la hora actual es la represión,
es el decir: "Sólo nosotros podemos gobernar, los otros no; hay
que apartarlos".

Cada hombre puede aportar mucho de bien, y se logra entonces la confianza. No es alejando, como se construye el bien común. No es expulsando a los que no me convienen, como voy a
enriquecer el bien de mi patria. Es tratando de ganar todo lo
bueno que hay en cada hombre. Es tratando de extraer en un
ambiente de confianza, con una fuerza que no es una fuerza física (como quien trata con seres irracionales), sino una fuerza
moral que atrae de todos los hombres, sobre todo de los jóvenes
inquietos, el bien; para que aportando cada uno su propia interioridad, su propia responsabilidad, su propio modo de ser, levante esa hermosa pirámide que se llama el bien común, el bien
que hacemos entre todos y que crea condiciones de bondad, de
confianza, de libertad, de paz, para que todos construyamos lo

que es la república: res publica, la cosa pública, lo que es de todos y lo que todos tenemos obligación de construir.

10 DE JULIO DE 1977

El cristiano tiene que trabajar
   para que el pecado sea marginado
   y el Reino de Dios se implante.
Luchar por esto no es comunismo,
   luchar por esto no es meterse en política;
es simplemente el evangelio,
   que le reclama al hombre,
   al cristiano de hoy,
más compromiso con la historia.

16 DE JULIO DE 1977

Es todo un mundo, decía Pío XII,
el que hay que salvar de lo salvaje
   para hacerlo humano
   y de humano, divino.
Es decir, todas las costumbres
que no estén de acuerdo con el evangelio
hay que eliminarlas
   si queremos salvar al hombre.
Hay que salvar no el alma a la hora de morir
   el hombre;
hay que salvar al hombre ya viviendo
   en la historia.

16 DE JULIO DE 1977

No solamente purgatorio sino infierno
   para aquel que, pudiendo hacer el bien, no lo hizo.

Es la bienaventuranza que la Biblia dice
　del que se salva,
　de los santos,
porque "pudo hacer el mal y no lo hizo"[5],
y al revés se dirá del que se condena:
pudo hacer el bien y no lo hizo.

1 6   D E   J U L I O   D E   1 9 7 7

Los verdaderos protagonistas de la historia son los que están más
unidos con Dios, porque desde Dios auscultan mejor los signos
de los tiempos, los caminos de la Providencia, la construcción
de la historia. ¡Ah!, si tuviéramos hombres de oración entre los
hombres que manejan los destinos de la patria, los destinos de la
economía. Si entre los hombres, más que apoyarse en sus técnicas humanas, se apoyaran en Dios y en sus técnicas, tuviéramos
un mundo como el que sueña la Iglesia: un mundo sin injusticias,
un mundo de respeto a los derechos, un mundo de participación
generosa de todos, un mundo sin represiones, un mundo sin
torturas.

1 7   D E   J U L I O   D E   1 9 7 7

Han escuchado hoy en la primera lectura las acusaciones: "¡Mue-
ra ese Jeremías! Está desmoralizando a los soldados y a todo el
pueblo con esos discursos. Ese hombre no busca el bien del pueblo, sino su desgracia"[6].

　¿Ven cómo las acusaciones contra los profetas de todos los
tiempos son las mismas? Cuando molesta la conciencia egoísta
o la que no está construyendo el plan de Dios, es un molesto y
hay que eliminarlo, asesinarlo, tirarlo a las fosas, perseguirlo, no
dejarlo decir esa palabra que molesta.

　Pero el profeta no podía decirle otra cosa. Y muchas veces el
profeta Jeremías en su oración —lean la Biblia como le pide a

Dios: "Señor, quítame esta cruz. Yo no quiero ser profeta. Siento
que me queman las entrañas porque tengo que decir cosas que ni
a mí me gustan"[7].

Y es, hermanos, siempre lo mismo: denunciar el pecado de la
sociedad, llamar a la conversión—lo que está haciendo hoy la
Iglesia en San Salvador—denunciar todo aquello que quiere en-
tronizar el pecado en la historia de El Salvador, y llamar a los
pecadores a la conversión, lo mismo que hacía Jeremías.

14 DE AGOSTO DE 1977

El humilde es aquel que como María la humilde dice: "Ha hecho
en mí cosas grandes el Poderoso"[8]. Cada uno de nosotros tiene
su grandeza. No sería Dios mi autor si yo fuera una cosa inservi-
ble. Yo valgo mucho, tú vales mucho, todos valemos mucho,
porque somos criaturas de Dios y Dios ha hecho derroche de
maravillas en cada hombre.

Por eso la Iglesia aprecia al hombre y lucha por sus derechos,
por su libertad, por su dignidad. Esto es auténtica lucha de Iglesia, y mientras se atropellen los derechos humanos, mientras
haya capturas arbitrarias, mientras haya torturas, la Iglesia se
siente perseguida, se siente molesta. Porque la Iglesia aprecia al
hombre y no puede tolerar que una imagen de Dios sea pisotea-
da por otro que se embrutece pisoteando a otro hombre. La Iglesia quiere precisamente hermosear esa imagen.

4 DE SEPTIEMBRE DE 1977

Ojalá que tantas manos manchadas de sangre
    en nuestra patria
se levantaran al Señor, horrorizadas de su mancha,
    para pedir que las limpie él.
Pero los que, gracias a Dios, tienen sus manos limpias

—los niños, los enfermos, los que sufren—
levanten sus manos inocentes y sufridas al Señor
   como el pueblo de Israel en Egipto.
Y el Señor se apiadará
y dirá como en Egipto a Moisés:
"He oído el clamor de mi pueblo que gime"[9].
Es la oración que Dios no puede dejar de escuchar.

18 DE SEPTIEMBRE DE 1977

No nos cansemos de predicar el amor.
Sí, ésta es la fuerza que vencerá al mundo.
No nos cansemos de predicar el amor,
   aunque veamos que olas de violencia
   vienen a inundar el fuego del amor cristiano.
Tiene que vencer el amor.
Es lo único que puede vencer.

25 DE SEPTIEMBRE DE 1977

No es mi pobre palabra
   la que siembra esperanza y fe.
Es que yo no soy más que el humilde
   resonar de Dios en este pueblo,
diciendo a los que han sido escogidos por azotes de Dios
   y usan la violencia en formas tan diversas,
que tengan cuidado,
que cuando Dios ya no los ocupe,
los va a tirar al fuego,
   que se conviertan mejor a tiempo;
y a los que sufren los azotes
   y no comprenden el porqué
   de las injusticias y de los desórdenes:

tengan fe,
entréguense,
voluntad y cerebro, corazón, todo entero;
que Dios tiene su hora,
que nuestros desaparecidos
   no están desaparecidos a los ojos de Dios
y los que los han hecho desaparecer
   también están muy presentes
   ante la justicia de Dios.
Pidamos para unos y para otros,
   y para el mundo que sufre las incertidumbres,
la seguridad de la fe.

2 DE OCTUBRE DE 1977

De nada serviría una liberación económica
en que todos los pobres tuvieran su casa,
   su dinero,
pero todos ellos fueran pecadores,
   el corazón apartado de Dios.
¿De qué sirve?
Hay naciones que actualmente
   económicamente,
   socialmente,
están bien promovidas,
aquellas por ejemplo del norte de Europa,
y, sin embargo, ¡cuánto vicio,
   cuánto desorden!

La Iglesia siempre tiene la palabra que decir:
   la conversión.
La promoción no está terminada,
aunque organizáramos idealmente
   la economía, la política, la sociología

de nuestro pueblo.
No está terminada;
sería la base para que culminara
en esto que la Iglesia busca y predica:
el Dios adorado por todos los hombres,
el Cristo reconocido como único salvador,
la alegría profunda del Espíritu,
de estar en paz con Dios
y con nuestros hermanos.

9 DE OCTUBRE DE 1977

Hermanos,
cómo quisiera yo grabar en el corazón de cada uno
esta gran idea:
el cristianismo no es un conjunto
de verdades que hay que creer,
de leyes que hay que cumplir,
de prohibiciones.
Así resulta muy repugnante.
El cristianismo es una persona,
que me amó tanto,
que me reclama mi amor.
El cristianismo es Cristo.

6 DE NOVIEMBRE DE 1977

¿Quieren saber si su cristianismo es auténtico?
Aquí está la piedra de toque:
¿Con quiénes estás bien?
¿quiénes te critican?
¿quiénes no te admiten?
¿quiénes te halagan?

Conoce allí que Cristo dijo un día:
"No he venido a traer la paz sino la división"[10].
Y habrá división hasta en la misma familia;
porque unos quieren vivir más cómodamente
    según los principios del mundo,
      del poder y del dinero.
Y otros en cambio han comprendido el llamamiento de Cristo,
    y tienen que rechazar
      todo lo que no puede ser justo en el mundo.

13 DE NOVIEMBRE DE 1977

"Pero ni un cabello de vuestra cabeza perecerá;
con vuestra perseverancia salvaréis vuestras almas"[11].
Que venga el día del Señor cuando quiera,
lo que importa es estar perseverante con Cristo,
    fiel a su doctrina,
    no traicionarlo.
Me da lástima, hermanos —muchos traidores,
    cristianos que ahora son espías,
    cristianos que ahora nos persiguen,
    cristianos que se apartan
avergonzados de su obispo y de sus sacerdotes.
Pero la confianza de aquellos que permanecen fieles
    me llena de veras de valor.
Y yo les digo, hermanos:
no nos asustemos.

13 DE NOVIEMBRE DE 1977

La Iglesia está llamando a la cordura,
    a la comprensión,
    al amor.
No cree en las soluciones violentas la Iglesia.
Cree en una sola violencia,
en la de Cristo,
    que quedó clavado en la cruz,
    como nos lo presenta el evangelio de hoy[12].
Él quiso recibir en sí todas las violencias
    del odio, de la incomprensión,
para que los hombres nos perdonáramos,
    nos amáramos,
    nos sintiéramos hermanos.

20 DE NOVIEMBRE DE 1977

Qué hermoso será el día
    en que cada bautizado comprenda
    que su profesión,
    su trabajo,
es un trabajo sacerdotal,
que, así como yo voy a celebrar la misa en esta altar,
cada carpintero
    celebra su misa en su banco de carpintería,
cada hojalatero,
cada profesional,
cada médico con su bisturí,
la señora del mercado en su puesto —
    están haciendo un oficio sacerdotal.
Cuántos motoristas sé que escuchan esta palabra
    allá en sus taxis.

Pues tú, querido motorista, junto a tu volante,
eres un sacerdote
　si trabajas con honradez,
consagrando a Dios tu taxi,
llevando un mensaje de paz y de amor
　a tus clientes que van en tu carro.

20 DE NOVIEMBRE DE 1977

Dios entra al corazón del hombre por sus caminos:
　por la sabiduría entra a los sabios,
　por la sencillez entra a los sencillos.

25 DE NOVIEMBRE DE 1977

Hermanos, cuando predicamos la palabra del Señor,
no solamente denunciamos las injusticias del orden social.
Denunciamos todo pecado que es noche, que es sombra:
　borracheras, comilonas, lujurias, adulterios, abortos.
Todo eso, que es el reino de la iniquidad y del pecado,
　desaparezca de nuestra sociedad.

27 DE NOVIEMBRE DE 1977

No podemos segregar la palabra de Dios
de la realidad histórica
　en que se pronuncia,
porque no sería ya palabra de Dios.
Sería historia,
sería libro piadoso,
　una Biblia que es libro de nuestra biblioteca.
Pero se hace palabra de Dios
　porque anima,

ilumina, contrasta,
repudia, alaba
lo que se está haciendo hoy en esta sociedad.

27 DE NOVIEMBRE DE 1977

Jamás hemos predicado violencia.
Solamente la violencia del amor,
la que dejó a Cristo clavado en una cruz,
la que se hace cada uno para vencer sus egoísmos
y para que no haya desigualdades
tan crueles entre nosotros.
Esa violencia no es la de la espada,
la del odio.
Es la violencia del amor,
la de la fraternidad,
la que quiere convertir las armas
en hoces para el trabajo.

27 DE NOVIEMBRE DE 1977

Hermanos,
en esta hora Cristo Redentor necesita dolor humano,
necesita el dolor de esas santas madres que sufren,
necesita la angustia de esas prisiones donde hay torturas.
Dichosos los escogidos para continuar en la tierra
la gran injusticia de Cristo,
que sigue salvando al mundo.
Convirtámosla en redención[13].

1 DE DICIEMBRE DE 1977

Yo les aseguro que este día ese dolor santo
   de tantos hogares que sufren orfandad injusta
es también dolor que alimenta,
      que inyecta de vida, de amor de Dios,
      a esta Iglesia que está predicando esperanza,
      que está predicando que no nos desesperemos,
que tendrán que venir los días de la justicia,
los días en que Dios triunfa sobre la iniquidad humana,
      la iniquidad infernal de los hombres.

1 DE DICIEMBRE DE 1977

"A los que aman a Dios,
todas las cosas les sirven para su bien"[14].
   No hay desgracia,
      no hay catástrofes,
      no hay dolores, por más inauditos que sean,
que, cuando se sufren con amor a Dios,
no se conviertan en corona de gloria y de esperanza.

1 DE DICIEMBRE DE 1977

No dejen que se anide en el corazón de ustedes
   la serpiente del rencor,
que no hay desgracia
      más grande que la de un corazón rencoroso,
      ni siquiera contra los que torturaron a sus hijos,
      ni siquiera contra las manos criminales
      que los tienen desaparecidos.
No odien.

1 DE DICIEMBRE DE 1977

Hermanos, la Iglesia no es ilusa;
la Iglesia espera con seguridad la hora de la redención.
Esos desaparecidos aparecerán.
Ese dolor de estas madres se convertirá en Pascua.
La angustia de este pueblo,
que no sabe para dónde va en medio de tanta angustia,
será Pascua de Resurrección
si nos unimos a Cristo
y esperamos de él.

1 DE DICIEMBRE DE 1977

Aun cuando todos desesperaban
en la hora en que Cristo moría en la cruz,
María, serena,
espera la hora de la resurrección.
María, hermanos, es el símbolo
del pueblo que sufre opresión, injusticia,
porque es el dolor sereno
que espera la hora de la resurrección;
es el dolor cristiano, el de la Iglesia,
que no está de acuerdo con las injusticias actuales,
pero sin resentimientos esperando la hora
en que el Resucitado volverá
para darnos la redención que esperamos.

1 DE DICIEMBRE DE 1977

Grito fuerte contra la injusticia
pero para decirle a los injustos:
¡Conviértanse!
Grito en nombre del dolor
[de los] que sufren la injusticia,

pero para decirle a los criminales:
¡Conviértanse!
No sean malos.

1 DE DICIEMBRE DE 1977

Los hombres no podemos construir la liberación
de nuestra tierra.
Los salvadoreños con nuestras propias fuerzas humanas
somos incapaces de salvar a nuestra patria.
Pero si la esperamos de Cristo el Redentor, sí.
Y ésta es la esperanza de la Iglesia.
Por eso predico, hermanos, mucha fe en Jesucristo,
mucha fe en Cristo,
que murió para pagar todas las injusticias
y resucitó para sepultar en su tumba toda la maldad
y volverse redención de todos los que sufrieron,
y se hace esperanza y vida eterna.

1 DE DICIEMBRE DE 1977

Una religión de misa dominical
pero de semanas injustas
no gusta al Señor.
Una religión de mucho rezo
pero con hipocresías en el corazón
no es cristiana.
Una Iglesia que se instalara sólo para estar bien,
para tener mucho dinero, mucha comodidad,
pero que olvidara el reclamo de las injusticias,
no sería la verdadera Iglesia de nuestro divino Redentor.

4 DE DICIEMBRE DE 1977

¡Qué áridos somos los hombres
 cuando no está en nosotros el Espíritu Santo!
¡Qué crueles se vuelven los hombres
 cuando no los anima el Espíritu de Dios,
 sino el espíritu de quedar bien en la tierra!
Ya me duele mucho el alma
de saber cómo se tortura a nuestra gente,
de saber cómo se atropellan
 los derechos de la imagen de Dios.
No debía de haber eso.
Es que el hombre sin Dios es una fiera,
el hombre sin Dios es un desierto;
su corazón no tiene flores de amor,
su corazón no es más que el perverso perseguidor
 de los hermanos.
Así se explica que haya corazones
 capaces de traicionar a sus hermanos, de señalarlos,
no importa que se los lleven a torturarlos y a matarlos.

5 DE DICIEMBRE DE 1977

Hermanos, ser cristiano ahora quiere decir tener valor
 para predicar la verdadera doctrina de Cristo
 y no tenerle miedo,
 y no por miedo callar, predicar una cosa fácil
  que no traiga problemas.
Pero ser cristiano en esta hora quiere decir tener el valor
 que el Espíritu Santo da con su confirmación[15]
 para ser soldados valientes de Cristo Rey,
 hacer reinar su doctrina, llegar a los corazones
y predicarles el valor que hay que tener
 para defender la ley de Dios.

5 DE DICIEMBRE DE 1977

Comenzando por mí, obispo,
que esta mañana sea para nosotros
una renovación de nuestro Espíritu Santo,
del valor que debemos de tener como cristianos.
Y, si es necesario,
    que la confirmación se convierta para nosotros
    en un sacramento de martirio,
que estemos dispuestos también a dar nuestra vida por Cristo
    y no traicionarlo
    con la cobardía de los falsos cristianos de hoy.

5 DE DICIEMBRE DE 1977

Y éstos son los grandes conflictos de la Iglesia:
Porque denuncia el pecado.
Porque les dice a los ricos:
    no abusen, no pequen con su dinero.
Porque les dice a los poderosos:
    no abusen de la política,
    no abusen de las armas,
    no abusen de su poder.
    ¿No ven que es pecado?
Porque les dice a los pecadores, a los que torturan:
    no torturen;
    están pecando,
    están ofendiendo,
    están implantando el reino del infierno en la tierra.

8 DE DICIEMBRE DE 1977

La Iglesia, con su mensaje, con su palabra,
    encontrará mil obstáculos,
    como el río encuentra peñascos, escollos, abismos.

No importa.
El río lleva una promesa:
"Estaré con vosotros
    hasta la consumación de los siglos"[16];
    y "las puertas del infierno no podrán prevalecer"[17]
contra esta voluntad del Señor.

8 DE DICIEMBRE DE 1977

Es muy fácil ser servidores de la palabra sin molestar al mundo, una palabra muy espiritualista, una palabra sin compromiso con la historia, una palabra que puede sonar en cualquier parte del mundo porque no es de ninguna parte del mundo —una palabra así no crea problemas, no origina conflictos.

Lo que origina los conflictos, las persecuciones, lo que marca la Iglesia auténtica es cuando la palabra quemante, como la de los profetas, anuncia al pueblo y denuncia: las maravillas de Dios para que las crean y las adoren, y los pecados de los hombre que se oponen al Reino de Dios para que los arranquen de sus corazones, de sus sociedades, de sus leyes, de sus organismos que oprimen, que aprisionan, que atropellan los derechos de Dios y de la humanidad.

Éste es el servicio difícil de la palabra.

Pero el Espíritu de Dios va con el profeta, va con el predicador, porque es Cristo, que se prolonga anunciando su Reino a los hombres de todos los tiempos[18].

10 DE DICIEMBRE DE 1977

Un día ya no habrá misas,
ya no habrá necesidad de sacerdotes temporales,
porque todos,
    mediante el trabajo de los sacerdotes, de los obispos,

de los catequistas,
de los celebradores de la palabra,
de todo el pueblo sacerdotal de Dios,
hemos logrado que la humanidad
se vaya incorporando a Cristo
y Cristo será el único sacerdote
formado en su plenitud histórica y eterna
por todos los que fuimos naciendo en la historia
y nos fuimos haciendo con él un solo sacerdocio,
un solo ofertorio, una sola misa,
que durará eternamente
para cantar la gloria de Dios.
Éste es el destino, el objetivo
para el cual trabajamos los sacerdotes en la historia.
Por eso, allá en la gloria eterna, hermanos,
los sacerdotes junto con todo nuestro pueblo ya glorificado,
sentiremos la inmensa satisfacción
de haber colaborado con Cristo
a hacer de la humanidad el templo vivo de Dios,
la imagen viviente del Espíritu de Dios en la eternidad.

10 DE DICIEMBRE DE 1977

La historia de Israel es una historia teocrática; Dios la va escribiendo con sus profetas, con sus hombres, con sus hechos. Los hechos, los acontecimientos históricos de Israel, tienen un sentido profético. Lo que hace Dios con Israel, quiere hacerlo con los demás pueblos. De la Biblia, de la historia sagrada, tienen que aprender los otros pueblos. Es el paradigma de todas las historias.

11 DE DICIEMBRE DE 1977

La patria se construye sobre estos designios de Dios, y la verdadera vocación de mi patria es ser una patria de salvación.

La verdadera vocación de los salvadoreños está en que lleguemos un día a constituir ese Reino de Dios, no sólo bautizados de nombre, sino efectivamente cristianos comprometidos a hacer de nuestros hogares, de nuestras haciendas, de nuestras fincas, de nuestros caminos, de nuestras leyes, toda una estructura de salvación —toda una estructura donde el salvadoreño se sienta verdaderamente realizado como cristiano, capaz de adorar con libertad a su Dios, y con toda libertad proclamar la religión integral que Dios le manda proclamar, reunirse en reuniones de reflexión de la palabra sin temor a vigilancias o a malos informes, amar a Dios reuniéndose en sus capillas sin que se sospeche de que anda haciendo otra cosa.

Ésta es la libertad que la Iglesia predica.

11 DE DICIEMBRE DE 1977

CAPÍTULO 2

Una historia de salvación

La Iglesia sirve en cada país
    para hacer de su propia historia
    una historia de salvación.

11 DE DICIEMBRE DE 1977

¡Qué hermosos cafetales,
    qué bellos cañales, qué lindas algodoneras,
    qué fincas, qué tierras las que Dios nos ha dado!
¡Qué naturaleza más bella!

Pero cuando la vemos gemir
    bajo la opresión,
    bajo la iniquidad,
    bajo la injusticia,
    bajo el atropello,
entonces duele a la Iglesia
y espera una liberación
    que no sea sólo el bienestar material,
sino que sea el poder de un Dios que librará
    de las manos pecadoras de los hombres
    una naturaleza que, junto con los hombres redimidos,
va a cantar la felicidad en el Dios liberador.

11 DE DICIEMBRE DE 1977

Se caracteriza María y la Iglesia en América por la pobreza.
María, dice el Concilio Vaticano II, se destaca
entre los pobres que esperan de Dios la redención.
María aparece en la Biblia
    como la expresión de la pobreza,
    de la humildad de la que necesita todo de Dios.
Y cuando viene a América,
su diálogo de íntimo sentido maternal hacia un hijo
    lo tiene con un indito,
    con un marginado,
    con un pobrecito[1].
Así comienza el diálogo de María en América
    en un gesto de pobreza,
pobreza que es hambre de Dios,
pobreza que es alegría de desprendimiento.
Pobreza es libertad.
Pobreza es necesitar al otro,
    al hermano,
y apoyarse mutuamente para socorrerse mutuamente.
Esto es María
y esto es la Iglesia en el continente.

Si traicionó alguna vez la Iglesia su espíritu de pobreza,
    no fue fiel al evangelio,
que la quería destacada de los poderes de la tierra
—no apoyada en el dinero que hace felices a los hombres—
    apoyada en el poder de Cristo,
    apoyada en el poder de Dios.
Ésta es su grandeza.

12 DE DICIEMBRE DE 1977

Nuestro pueblo siente
    que María es algo del alma de nuestro pueblo,

y así lo sienten todos los pueblos latinoamericanos.
Nadie se ha metido tan hondo
    en el corazón de nuestro pueblo como María.
María, pues, es la imagen también, un reclamo,
    de una Iglesia que quiere estar presente
    con la luz del evangelio,
como Dios la quiere,
en la civilización de los pueblos,
    en las transformaciones sociales, económicas, políticas.

1 2 DE DICIEMBRE DE 1977

La fe consiste en aceptar a Dios
    sin pedirle cuentas
    a nuestra medida.
La fe consiste en reaccionar frente a Dios como María:
No lo entiendo, Señor,
    pero hágase en mí según tu palabra.

1 8 DE DICIEMBRE DE 1977

¿Quién sabe si me está escuchando
    aquel que tiene la mano sangrienta
    por haber matado al Padre Grande,
    aquel que disparó contra el Padre Navarro?[2]
Aquel que ha matado,
que ha torturado
y ha hecho tantas maldades,
    óigalo allá en sus antros de criminal,
    tal vez ya arrepentido:
Tú también estás llamado al perdón.

1 8 DE DICIEMBRE DE 1977

Cuando ahora luchamos por los derechos humanos,
la libertad,
la dignidad,
cuando sentimos que es un ministerio de la Iglesia
preocuparse por los que tienen hambre,
por los que no tienen escuela,
por los que sufren marginación,
no nos estamos apartando de esta promesa de Dios.
Viene a librarnos del pecado
y la Iglesia sabe que las conclusiones del pecado
son todas esas injusticias y atropellos.
Por eso la Iglesia sabe que está salvando al mundo
cuando se mete a hablar también de estas cosas.

18 DE DICIEMBRE DE 1977

No es una ventaja de mucho valor el de estar bien en esta tierra
cuando se traiciona a Cristo y a su Iglesia.

Es una ventaja que se vende muy barata, porque se va a dejar
con la vida.

Y es terrible oír de los labios de Cristo: "Apartaos, malditos,
inicuos; no os conozco, porque yo me avergonzaré de aquel que
se avergüenza de mí delante de los hombres"[3].

19 DE DICIEMBRE DE 1977

No contemos la Iglesia por la cantidad de gente,
ni contemos la Iglesia por sus edificios materiales.
La Iglesia ha construido muchos templos,
muchos seminarios,
muchos edificios que luego se los han quitado.
Se los han robado,
y han hecho bibliotecas

y cuarteles y otras cosas,
mercados también.
No importa.
Las paredes materiales aquí se quedarán en la historia.
Lo que importa son ustedes,
    los hombres,
    los corazones,
    la gracia de Dios
        dándoles la verdad y la vida de Dios.
No se cuenten por muchedumbres.
Cuéntense por la sinceridad del corazón
con que siguen esta verdad y esta gracia
    de nuestro divino Redentor.

19 DE DICIEMBRE DE 1977

Con Cristo, Dios se ha inyectado en la historia. Con el nacimiento de Cristo, el Reino de Dios ya está inaugurado en el tiempo de los hombres. Desde hace veinte siglos todos los años esta noche recordamos que el Reino de Dios ya está en este mundo y que Cristo ha inaugurado la plenitud de los tiempos.

Ya su nacimiento marca que Dios está marchando con los hombres en la historia, que no vamos solos y que la aspiración de los hombres por la paz, por la justicia, por un Reino de derecho divino, por algo santo, está muy lejos de las realidades de la tierra. Lo podemos esperar, no porque los hombres seamos capaces de construir esa bienaventuranza que anuncian las sagradas palabras de Dios, sino porque está ya en medio de los hombres el Constructor de un Reino de justicia, de amor y de paz.

24 DE DICIEMBRE DE 1977

No nos desanimemos,
    aun cuando el horizonte de la historia

como que se oscurece y se cierra,
y como si las realidades humanas hicieran imposible
la realización de los proyectos de Dios.
Dios se vale hasta de los errores humanos,
hasta de los pecados de los hombres,
para hacer surgir sobre las tinieblas
lo que ha dicho Isaías.
Un día se cantará también
no sólo el retorno de Babilonia,
sino la liberación plena de los hombres.
"El pueblo que caminaba en tinieblas
ha visto una gran luz;
habitaban tierras de sombras
pero una luz ha brillado"[4].

24 DE DICIEMBRE DE 1977

Para la Iglesia es sufrimiento de su corazón
los múltiples atropellos a la vida,
a la libertad,
a la dignidad humana.
La Iglesia, encargada de la gloria de la tierra,
siente que en cada hombre hay una imagen de su Creador,
y que todo aquel que la atropella ofende a Dios.
Y tiene que clamar "Iglesia santa
defensora de los derechos y de las imágenes de Dios".
Ella siente que han sido también escupidas en su cara,
latigadas en sus espaldas,
cruz en su pasión,
todo lo que han sufrido los hombres,
aunque no tengan fe,
pero han sufrido como imágenes de Dios.
No hay dicotomía entre la imagen de Dios y el hombre.
El que tortura a un hombre,

el que ha ofendido a un hombre,
atropellado a un hombre,
ha ofendido la imagen de Dios,
y la Iglesia siente que es suya esa cruz,
ese martirio.

31 DE DICIEMBRE DE 1977

Yo me alegro, hermanos, de que en el campo protestante
se está haciendo una revisión seria de vivir el evangelio.
Y hay conflicto. ¡Bendito sea Dios!
Porque cuando se pone la mano en la llaga
    hay conflicto, hay dolor.
Y el protestantismo está poniendo la mano también en la llaga.
Está diciendo que no se puede ser verdadero protestante,
    verdadero seguidor del evangelio,
si no se sacan todas las conclusiones que el evangelio tiene
    para las realidades de esta tierra;
que no se puede vivir un evangelio demasiado angelical,
    un evangelio de conformismo,
    un evangelio que no sea paz dinámica,
    un evangelio que no sea de dimensiones exigentes
para las cosas temporales también.

31 DE DICIEMBRE DE 1977

Como los magos de oriente siguieron su estrella
    y se encontraron con Jesús,
llenándose de inmensa alegría su corazón,
nosotros también,
    aun en las horas de la incertidumbre,
    de las sombras,
    de la oscuridad,

como las tuvieron también los magos,
no dejemos de seguir esa estrella,
   la de nuestra fe[5].

8 DE ENERO DE 1978

La paz no es producto del terror ni del miedo.
La paz no es el silencio de los cementerios.
La paz no es producto de una violencia
   y de una represión que calla.
La paz es la aportación generosa, tranquila,
   de todos para el bien de todos.
La paz es dinamismo.
La paz es generosidad,
es derecho y es deber,
en que cada uno se sienta en su puesto
   en esta hermosa familia,
que la Epifanía nos ilumina con la luz de Dios.

8 DE ENERO DE 1978

[La] defensa de los derechos, y de la igualdad, y de la libertad de los hombres, no es un asunto de política solamente. Es asunto de política, pero enraizada en el evangelio. El evangelio es el gran defensor, el proclamador de todos los grandes derechos fundamentales del hombre.

Es la igualdad que, aun cuando desaparecieran las conveniencias políticas, no desaparecerán las raíces evangélicas. Supongamos que mañana no le conviene a Estados Unidos defender los derechos de El Salvador; en ese sentido humano puede fallar la política, pero no fallará el evangelio que siempre gritará la libertad de los hombres, la dignidad de los hombres aun en las peores situaciones de la persecución.

8 DE ENERO DE 1978

Perdonen ustedes que son fieles, que me escuchan con amor, con devoción, que les diga que me da más gusto que me escuchen los enemigos.

Me están escuchando porque sé que les llevo una palabra de amor. No los odio, no deseo venganza, no les deseo males.

Les pido que se conviertan, que vengan a ser felices con esta felicidad que ustedes, los hijos de la parábola que siempre estuvieron con el padre[6], gozaron: las alegrías de su fe.

1 5 D E E N E R O D E 1 9 7 8

Quiere Dios salvarnos en pueblo. No quiere una salvación aislada. De ahí que esta Iglesia de hoy, más que nunca, está acentuando el sentido de pueblo.

Y por eso la Iglesia sufre conflictos, porque la Iglesia no quiere masa, quiere pueblo. Masa es el montón de hombres: cuanto más adormecidos, mejor; cuanto más conformistas, mejor.

Y la Iglesia rechaza la calumnia del comunismo de ser opio del pueblo. Ella no quiere ser opio del pueblo. Otros son opios que adormecen y quieren masas adormecidas.

La Iglesia quiere despertar a los hombres en el verdadero sentido de pueblo. ¿Qué es pueblo? Pueblo es una comunidad de hombres donde todos conspiran al bien común.

1 5 D E E N E R O D E 1 9 7 8

La razón de ser de una sociedad, de una comunidad política,
    no es la seguridad del Estado;
es el hombre.
Desde que Cristo dijo: "No es el hombre para el sábado
    sino el sábado para el hombre"[7],
está poniendo al hombre como objetivo de todas las leyes,
el objetivo de todas las instituciones.

No es el hombre para el Estado,
   sino el Estado para el hombre.

15 DE ENERO DE 1978

Ésta es su misión, encargada a la Iglesia,
misión difícil:
   arrancar de la historia los pecados,
   arrancar de la política los pecados,
   arrancar los pecados de la economía,
   arrancar los pecados allí donde estén.
¡Qué dura tarea!
Tiene que encontrar conflictos en medio de tantos egoísmos,
   de tantos orgullos,
   de tantas vanidades,
   de tantos que han entronizado
      el reino del pecado entre nosotros.
Tiene que sufrir la Iglesia por decir la verdad,
   por denunciar el pecado,
   por arrancar el pecado.
A nadie le gusta que le toquen una llaga,
y por eso salta una sociedad que tiene tantas llagas
cuando hay quien le toque con valor:
   "Tienes que curar,
   tienes que arrancar eso.
   Cristo —cree en él.
   Conviértete".

15 DE ENERO DE 1978

El día en que todos los salvadoreños salgamos
   de ese amontonamiento de condiciones menos humanas
a situaciones personales y nacionales
   de condiciones más humanas

—no solamente de desarrollo que se queda aquí,
   en lo económico,
sino que nos eleve hasta la fe, la adoración de un solo Dios—
será el verdadero desarrollo de nuestro pueblo.

15 DE ENERO DE 1978

Respetamos el poder temporal,
   pero sí queremos crear en la conciencia del pueblo
   un sentido de pueblo, no de masa,
   una promoción de individuos,
   un bienestar que no sea atropello de nadie,
sino que sea el amor y la fe ente los hombres,
hijos de un Padre de todos los hombres.

15 DE ENERO DE 1978

Está orientada por lo general la educación en nuestros países
latinoamericanos al deseo de tener más, mientras la juventud de
hoy exige más bien ser más, en el gozo de su autorealización por
el servicio y el amor.

No fomentemos una educación que en la mente del alumno
cree una esperanza de llegar a ser rico, de tener poder de dominar. Esto no corresponde a nuestro momento.

Formemos en el corazón del niño y del joven el ideal sublime
de amar, de prepararse para servir, de darse a los demás.

Lo demás sería una educación para el egoísmo, y queremos
salir de los egoísmos, que son las causas precisamente del gran
malestar de nuestras sociedades.

Tiene que proponer la Iglesia, entonces, una educación que
haga de los hombres sujetos de su propio desarrollo, protagonistas de la historia —no masa pasiva, conformista, sino hombres que sepan lucir su inteligencia, su creatividad, su voluntad

para el servicio común de la patria.

Quien tiene que ver que el desarrollo del hombre y de los pueblos es la promoción de cada hombre y de todos los hombres "de condiciones menos humanas a condiciones más humanas"[8], hacerle ver en la educación, al sujeto de la educación, perspectivas de un desarrollo en el cual él tiene que estar comprometido. No esperar que se lo hagan todo, sino ser él un protagonista, poner su granito de arena en esta transformación de América.

22 DE ENERO DE 1978

Cuando Cristo aparece en esos países
   curando enfermos,
   resucitando muertos,
   predicando a los pobres,
   llevando esperanza a los pueblos,
ha comenzado en la tierra
como cuando se tira una piedra a un lago tranquilo
y comienzan a hacerse ondas
   que llegan hasta los confines del lago.
Cristo ha aparecido en Zabulón y Neftalí[9]
   con las mismas señales de una liberación:
   sacudiendo los yugos opresores,
   trayendo alegría a los corazones,
   sembrando esperanza.
Y esto es lo que ahora
está haciendo Dios en la historia.

22 DE ENERO DE 1978

Predicación que no denuncia el pecado
   no es predicación de evangelio.

Predicación que contenta al pecador
  para que se afiance en su situación de pecado
  está traicionando el llamamiento del evangelio.
Predicación que no molesta al pecador
  sino que lo adormece en su pecado
es dejar a Zabulón y Neftalí
  en su sombra de muerte[10].

Predicación que despierta,
predicación que ilumina
—como cuando se enciende una luz y alguien está
dormido, naturalmente que lo molesta,
  pero lo ha despertado—,
ésta es la predicación de Cristo:
¡Despertad! ¡Convertíos!
Ésta es la predicación auténtica de la Iglesia.
Naturalmente, hermanos, que una predicación así
  tiene que encontrar conflicto,
  tiene que perder prestigios mal entendidos,
  tiene que molestar,
  tiene que ser perseguida.
No puede estar bien con los poderes de las tinieblas
  y del pecado.

22 DE ENERO DE 1978

"En medio de ti dejaré un pueblo pobre y humilde",
  dice la palabra de hoy de Sofonías[11].
Esto es lo que quiere la Iglesia:
  un pueblo humilde,
  un pueblo seguidor de Cristo,
  un resto.
Hermanos, no son las grandes muchedumbres
las que nos deben entusiasmar,

sino la autenticidad,
la calidad de los cristianos,
la sinceridad de buscar a Cristo.

2 9   D E   E N E R O   D E   1 9 7 8

El mundo no dice: Dichosos los pobres.

El mundo dice: Dichosos los ricos, porque tanto vales cuanto tienes.

Cristo dice: ¡Mentira! Dichosos los pobres, porque de ellos es el Reino de los Cielos[12], porque no ponen su confianza en eso tan transitorio.

2 9   D E   E N E R O   D E   1 9 7 8

Dichosos los pobres,
  porque saben que aquí está su riqueza,
en aquel que siendo rico se hizo pobre
para enriquecernos con su pobreza,
  para enseñarnos la verdadera sabiduría del cristiano.

2 9   D E   E N E R O   D E   1 9 7 8

Las bienaventuranzas no las podemos comprender plenamente, y así se explica que haya sobre todo jóvenes que creen que no es con el amor de las bienaventuranzas que se va a hacer un mundo mejor, sino que optan por la violencia, por la guerrilla, por la revolución.

La Iglesia jamás hará suyo ese camino. Que quede bien claro una vez más que la Iglesia no opta por esos caminos de violencia, que todo lo que se diga en este sentido es calumnia, que la opción de la Iglesia es esta página de Cristo: las bienaventuranzas.

No me extraña, digo, que no se comprenda, porque sobre todo el joven es impaciente y quiere ya un mundo mejor. Pero

Cristo, que hace veinte siglos predicó esta página, sabía que
sembraba una revolución moral de largo alcance, de largo plazo,
en la medida en que los hombres nos vayamos convirtiendo de
los pensamientos mundanos.

29 DE ENERO DE 1978

Hay un criterio para saber
  si Dios está cerca de nosotros o está lejos,
el que nos está dando la palabra de Dios hoy:
Todo aquel que se preocupa del hambriento,
  del desnudo,
  del pobre,
  del desaparecido,
  del torturado,
  del prisionero,
  de toda esa carne que sufre,
tiene cerca a Dios.[13]

5 DE FEBRERO DE 1978

La garantía de mi oración no es el mucho decir palabras.
La garantía de mi plegaria está muy fácil de conocer:
¿Cómo me porto con el pobre?
  Porque allí está Dios.
Y en la medida en que te acerques a él
  y con el amor con que te acerques
  o el desprecio con que te acerques,
así te acercas a tu Dios.
Lo que a él haces, a Dios se lo haces.
Y la manera como mires a él, así estás mirando a Dios.

5 DE FEBRERO DE 1978

Queridos pobres, queridos marginados, queridas gentes sin casa y sin comer, la misma dignidad de ustedes les está reclamando una promoción.

Es lástima que ustedes pobres no se estimen como se debían estimar y que traten de ahogar en aguardiente, en vicios, en desórdenes, una dignidad que podría ser luz, presencia del Señor en la tierra.

No elogiamos la pobreza sólo por ser pobreza; la elogiamos por ser signo, sacramento de Dios en el mundo, y porque un sacramento tiene que respetarse por ser señal de Dios.

Los pobres tienen que respetarse por ser señal de Dios. Los pobres tienen que respetarse, tienen que promoverse, tienen que trabajar en la medida que les dé el alcance de sus esfuerzos económicos y sociales.

5 DE FEBRERO DE 1978

"Me presenté a vosotros débil y temeroso"[14].
Sabe Dios cuánto me costó
   venir a la capital a mí también.
Qué tímido me he sentido ante ustedes,
   si no hubiera sido por el apoyo
   que como Iglesia me han dado
y han hecho de su obispo ustedes este signo del cristianismo.

5 DE FEBRERO DE 1978

"Cuando vine a ustedes a anunciarles el testimonio de Dios,
   no lo hice con sublime elocuencia o sabiduría,
pues nunca entre ustedes me precié de saber cosa alguna,
   sino a Jesucristo y éste crucificado"[15].
Yo no quisiera, hermanos,
que se interfiriera en mi pobre palabra
   la sabiduría y la elocuencia humana,

porque entonces les estaría dando yo vanidad del mundo
y no sabiduría del Crucificado.

5 DE FEBRERO DE 1978

¿Qué es mi palabra?, ¿qué es la sabiduría humana
   sino un ruido que llega hasta el oído externo?
Pero de este oído hasta el corazón hay un camino
   que sólo Dios puede recorrer.
Y dichoso el predicador
que no pone su confianza en el ruido de sus palabras,
   aunque vayan envueltas de gran sabiduría humana.

5 DE FEBRERO DE 1978

La Iglesia, cuando denuncia las violencias revolucionarias, no
puede olvidar que existe una violencia institucionalizada, y que
la violencia desesperada de los hombres oprimidos no se repri-
me con leyes parciales, con armas ni con la prepotencia.

Solamente hay que prevenirlas, como dice el Papa, con sacri-
ficios valientes, renunciando a muchas comodidades; y que
mientras no haya entre nosotros más justicia, siempre habrá
brotes de revolución.

Aunque la Iglesia no aprueba ni justifica las revoluciones san-
grientas, los gritos de odios, sin embargo tampoco los puede
condenar mientras no vea un esfuerzo por quitar las causas que
producen ese malestar en nuestra sociedad.

Ésta es la postura de la Iglesia, por lo cual tiene que sufrir tremendos conflictos, pero por lo cual se siente fiel a la justicia de
Dios, al evangelio de nuestro Señor Jesucristo.

12 DE FEBRERO DE 1978

No nos debe extrañar
que una Iglesia tenga mucho de cruz,
porque si no, no tendrá mucho de resurrección.
Una Iglesia acomodaticia,
una Iglesia que busca el prestigio
sin el dolor de la cruz
no es la Iglesia auténtica de Jesucristo.

19 DE FEBRERO DE 1978

Que nos roben los templos materiales,
de esto está llena la historia de la Iglesia.
No es por eso que está la Iglesia en la tierra.
La Iglesia es otra cosa, le dice Cristo.
La Iglesia busca adoradores de Dios
en Espíritu y en verdad[16];
y esto se puede hacer
bajo un árbol, en una montaña, junto al mar.
Donde haya un corazón sincero
que busca sinceramente a Dios,
allí está la verdadera religión.
Esto, hermanos, escandaliza a muchos,
porque muchos han querido amarrar a la Iglesia
a estas cosas materiales,
y a esto llaman prestigio,
a esto llaman fidelidad a sus tradiciones.
Esto, a veces, son traiciones a la verdad de la Iglesia.
Dios es Espíritu,
y no necesita los poderes y las cosas de la tierra.
Busca sinceridad en el corazón.

26 DE FEBRERO DE 1978

CAPÍTULO 3

El ídolo del yo

La Semana Santa es un llamamiento
   para seguir las austeridades de Cristo,
la única violencia legítima,
la que se hace a sí mismo Cristo
y nos invita a que hagamos a nosotros mismos:
"El que quiera venir en pos de mí niéguese a sí mismo"[1],
   violéntese a sí mismo,
   reprima, en él, los brotes de orgullo,
   mate en su alma los brotes de avaricias,
   de codicias, de soberbias, de orgullo.
Mate eso en su corazón.
Esto es lo que hay que matar,
ésa es la violencia que hay que hacer
para que allí surja el hombre nuevo,
el único que puede construir una civilización nueva,
   una civilización de amor.

19 DE MARZO DE 1978

Es necesario, hermanos, botar tantos ídolos,
   el del yo ante todo,
para que seamos humildes, y sólo desde la humildad
   sepamos ser redentores,
   sepamos ser colaboradores

de la verdadera colaboración que el mundo necesita.
Liberación que se grita contra otros
   no es verdadera liberación.
Liberación que procura revoluciones de odios y de violencias,
   quitando la vida de los demás
   o reprimiendo la dignidad de los otros,
   no puede ser verdadera libertad.
La verdadera libertad
   es aquella que se hace violencia a sí misma
y, como Cristo,
casi desconociéndose que es soberano,
   se hace esclavo para servir a los demás.

23 DE MARZO DE 1978

Hombres de nuestro tiempo,
angustiados de tantos problemas,
   desesperanzados,
   los que buscan paraíso en esta tierra,
¡no lo busquen aquí!
Búsquenlo en Cristo resucitado.
En él desahoguemos nuestras penas,
   nuestras preocupaciones,
   nuestras angustias;
y en él pongamos nuestras esperanzas.

26 DE MARZO DE 1978

No sería Cristo redentor
si también no se hubiera preocupado de dar de comer
   a las muchedumbres que tenían hambre,
si no hubiera dado luz a los ojos de los ciegos,
si no hubiera sentido angustia

por las muchedumbres marginadas
que no tienen quien los ame, quien los ayude.
También la promoción, también el aspecto político y social
le interesa al cristianismo.
No sería completa la redención
si no tuviera en cuenta estos aspectos
del Cristo que quiso ser precisamente el ejemplo
de un oprimido bajo un imperio poderoso,
bajo una clase dirigente de su pueblo
que lo despedazó en su fama y en su honor
y lo dejó crucificado.

26 DE MARZO DE 1978

La Iglesia no puede ser sorda ni muda
ante el clamor de millones de hombres
que gritan liberación,
oprimidos de mil esclavitudes.
Pero les dice cuál es la verdadera libertad
que debe de buscarse:
la que Cristo ya inauguró en esta tierra
al resucitar y romper las cadenas del pecado,
de la muerte y del infierno.
Ser como Cristo, libres del pecado,
es ser verdaderamente libres
con la verdadera liberación.
Y aquel que, con esta fe puesta en el Resucitado,
trabaje por un mundo más justo,
reclame contra las injusticias del sistema actual,
contra los atropellos de una autoridad abusiva,
contra los desórdenes de los hombres
explotando a los hombres —
todo aquel que luche

desde la resurrección del gran Libertador,
sólo ése es auténtico cristiano.

26 DE MARZO DE 1978

Yo quiero agradecer ahora en público también
    esta fuerza de oración que me llega de tantas partes.
No hay cosa más hermosa para mí que oír decir:
"Estamos rezando por usted.
No está solo.
Lo estamos acompañando con nuestra oración".
¡Bendito sea Dios! ¡Mil gracias!
Y ahora les digo, hermanos:
Oremos por los que flaquean,
oremos por los que traicionan,
oremos por los que se avergüenzan por nuestra fe,
oremos por nuestros pobrecitos hermanos
    que dudan hasta de la sinceridad del obispo,
oremos para que formemos como los cristianos
    aun en los riesgos peligrosos de esta misión,
que tenemos que ser firmes en lo que hay que predicar
    y que, como aquellos primeros cristianos,
        algunas veces habrá que decir:
"Antes tenemos que obedecer a Dios que a los hombres"[2].
Y de Dios me vendrá la fuerza para predicar
    esa doctrina que es única, verdadera.

2 DE ABRIL DE 1978

La autenticidad de un cristiano se prueba en la hora difícil. Entiendo por cristiano a todo miembro del pueblo de Dios, sea lai-
co, religioso, presbítero, obispo o papa. Y entiendo por hora
difícil aquellas circunstancias en que seguir el evangelio supone

mil rupturas con la tranquilidad de un orden que se ha estableci-
do contra o al margen del evangelio.

Se llama hora difícil porque en esa hora es muy difícil vivir
como auténtico seguidor del único Señor, porque es mucho más
fácil quedarse siguiendo a los muchos "señores" fáciles, que se
han erigido en ídolos de la hora: el dinero, el poder, el prestigio,
etc. Y qué fácil resulta entonces hacer de la religión un dorado
sueño recortado en una falsa interpretación del evangelio o de la
doctrina de la Iglesia; y hasta se tiene la audacia de descalificar
con calumnias y críticas malsanas a quienes tienen el valor de
recordar, a los adoradores de esos ídolos, la verdadera interpretación de las enseñanzas de Cristo, y reclamarles la necesidad de
una conversión.

Surge entonces el conflicto. Se habla de confusión, se echa la
culpa del desorden a las "prédicas subversivas". Se tata de aislar
la voz que clama en nombre del Señor. Se compara el Magisterio con una democracia popular, como si valiera más el número
de los que hablan que la razón de lo que se dice. Se olvida que
siempre será mayoría la mediocridad y minoría el esfuerzo de
autenticidad; recuérdese el camino ancho y el camino estrecho
del evangelio.

Qué necesaria es en esta hora difícil una conciencia dócil a la
verdad del Señor. En esta hora difícil más que siempre es necesaria la oración unida a una auténtica voluntad de conversión. Una
oración que, desde la intimidad de Dios, aísle del barullo confu-
so de las conveniencias superficiales de la vida; una voluntad de
conversión que no tema perder "prestigios" ni privilegios, que
no tema cambiar de modo de pensar cuando se cae en la cuenta
de que Cristo exige un nuevo modo de pensar más acorde con
su evangelio.

Yo creo que para nuestra arquidiócesis está sonando una de
esas horas difíciles y por eso está a prueba la autenticidad cris-

tiana de todos los que integramos esta Iglesia particular. No nos debe asombrar entonces que en esta prueba de la autenticidad no todo lo que brilla es oro. Pero al mismo tiempo debe alegrarnos intensamente que esta hora del riesgo cristiano está descubriendo que tenemos mucho oro de altos quilates que la misma prueba acrisola con mayores méritos.

Es en las horas difíciles cuando la Iglesia crece en autenticidad. Bendito sea Dios por esta hora difícil de nuestra arquidiócesis. Seamos dignos de ella[3].

9 DE ABRIL DE 1978

Una Iglesia que no provoca crisis,
un evangelio que no inquieta,
una palabra de Dios que no levanta roncha
—como decimos vulgarmente—
una palabra de Dios que no toca el pecado concreto
    de la sociedad en que está anunciándose,
¿qué evangelio es ése?
Consideraciones piadosas muy bonitas
    que no molestan a nadie,
y así quisieran muchos que fuera la predicación.
Y aquellos predicadores que por no molestarse,
    por no tener conflictos y dificultades,
evitan toda cosa espinosa.
No iluminan la realidad en que se vive.
No tienen el valor de Pedro de decirle a aquella turba
donde están todavía las manos manchadas de sangre
    que mataron a Cristo:
"¡Ustedes lo mataron!"[4]
Aunque le iba a costar también la vida por esta denuncia,
    la proclama.

Es el evangelio valiente;
es la buena nueva
del que vino a quitar los pecados del mundo.

16 DE ABRIL DE 1978

Tenemos que lamentar en esta semana también la muerte de dos policías. Son hermanos nuestros.

Ante el atropello y la violencia jamás he parcializado mi voz. Me he puesto con compasión de Cristo al lado del muerto, de la víctima, del que sufre; y he pedido que oremos por ellos; y nos unimos en solidaridad de dolor con sus familias.

He dicho que dos policías que mueren son dos víctimas más de la injusticia de nuestro sistema que denunciaba el domingo pasado: entre sus crímenes más grandes lograr confrontar a nuestros pobres (policías y obreros o campesinos, pertenecen todos a la clase pobre), la maldad del sistema en lograr el enfrentamiento de pobre contra pobre. Dos policías muertos son dos pobres que han sido víctimas de otros, tal vez pobres también, y que en todo caso son víctimas de ese dios Moloc, insaciable de poder, de dinero, que con tal de mantener sus situaciones, no le importa la vida ni del campesino ni del policía ni del guardia, sino que lucha por la defensa de un sistema lleno de pecado.

30 DE ABRIL DE 1978

Yo creo que nuestra Iglesia en San Salvador
    está dando razón de su esperanza,
porque no pone su esperanza en el poder ni el dinero,
    sino que la pone en la fuente de su esperanza,
    que es Cristo crucificado[5].
Es la esperanza su fidelidad al evangelio.
Su esperanza está en ser fiel a Dios.

Por eso les digo a mis queridos sacerdotes,
a las comunidades religiosas,
a los colegios católicos,
a las parroquias,
a las comunidades de base:
No se dejen seducir
ni por los halagos del poder y el dinero
ni por el seguimiento de falsas ideologías,
que tampoco allí está la esperanza verdadera.
La esperanza verdadera no está en una revolución
de violencia y de sangre,
ni la esperanza está en el dinero y en el poder,
ni en la izquierda ni en la derecha.
La esperanza de la cual tenemos que dar razón
y por la cual hablamos con valor
es porque está en Cristo,
que aun después de la muerte,
aunque sea muerte de asesinato,
él es el que reina
y todos los que con él hayan predicado
su justicia, su amor, su esperanza, su paz.

30 DE ABRIL DE 1978

Esos medios maravillosos como son el periódico, la radio, la televisión, el cine, donde grandes masas humanas están comunicando un pensamiento, muchas veces son instrumentos de confusión.

Esos instrumentos, artífices de la opinión común, muchas veces se utilizan manipulados por intereses materialistas; y así se convierten en mantenedores de un status injusto, de la mentira, de la confusión.

Se irrespeta uno de los derechos más sagrados de la persona

humana, que es el derecho a estar bien informado, el derecho a la verdad.

Ese derecho es el que cada uno tiene que defender por sí mismo, haciéndose crítico al manejar los medios de comunicación social. No todo lo que está en el periódico, no todo lo que se ve en el cine o en la televisión, no todo lo que nos dice la radio, es verdad. Muchas veces es precisamente lo contrario, la mentira.

7 DE MAYO DE 1978

El dinero es bueno,
pero los hombres egoístas lo han hecho malo y pecador.
El poder es bueno,
pero el abuso de los hombres ha hecho del poder algo temible.
Todo ha sido creado por Dios,
    pero los hombres lo han sometido al pecado.
Y por eso la ascensión de Cristo anuncia
    que la creación entera será también redimida en él,
porque él dará la explicación de todo cuanto Dios ha creado
    y pondrá a los pies de Dios
    al final de los tiempos, en el juicio final
    (que en eso consistirá el juicio final),
el gran discernimiento entre el bien y el mal —
el mal para ser eliminado definitivamente
y el bien para ser asumido en la glorificación eterna de Cristo,
    o sea, que la ascensión del señor
    marca también la glorificación del universo.
El universo se alegra,
el dinero se alegra,
el poder se alegra,
todas las cosas materiales,
    las fincas, las haciendas, todo se alegra
porque vendrá el día en que el Juez Supremo

sabrá redimir del pecado,
de la esclavitud,
de la ignominia,
todo cuanto Dios ha creado
y el hombre lo está utilizando para el pecado,
para la ofensa de su propio hermano.
La redención está ya decretada
y Dios ha llevado en el poder suyo a Cristo nuestro Señor.
Es un testimonio de la justicia final
esta presencia de Cristo subido a los cielos.

7 DE MAYO DE 1978

Aun cuando se nos llame locos,
cuando se nos llame subversivos, comunistas
y todos los calificativos que se nos dicen,
sabemos que no hacemos más que predicar
el testimonio subversivo de las bienaventuranzas,
que le han dado vuelta a todo
para proclamar bienaventurados a los pobres,
bienaventurados a los sedientos de justicia,
bienaventurados a los que sufren.

11 DE MAYO DE 1978

Siempre será Pentecostés en la Iglesia,
pero mientras la Iglesia haga su rostro transparente
a la belleza del Espíritu Santo.
Cuando la Iglesia deja de apoyar su fuerza
en esa virtud de lo alto que Cristo le prometió
y que le dio en este día,
y la Iglesia quisiera apoyarse más bien
en las fuerzas frágiles del poder o de la riqueza

de esta tierra,
entonces la Iglesia deja de ser noticia.
La Iglesia será bella,
perennemente joven,
atrayente en todos los siglos,
mientras sea fiel al Espíritu que la inunda
y lo refleje a través de las comunidades,
    a través de sus pastores,
    a través de su misma vida.

1 4   D E   M A Y O   D E   1 9 7 8

Éste es el Dios verdadero,
    el Dios vivencial,
    el Dios de Moisés,
    el Dios de la historia,
que no solamente salva en la historia de Israel,
    sino que salva en la historia de El Salvador,
y ha puesto una Iglesia
    para que proclame esa fe en el Dios verdadero
    y purifique del pecado la historia,
    y santifique la historia
para convertirla en vehículo de salvación.

Esto quiere la Iglesia en El Salvador:
    Hacer de nuestra historia patria
    no una historia de perdición,
    no una historia de ateísmo,
    no una historia de abusos y de injusticia,
sino hacer una historia que corresponda a los ideales de Dios,
que ama a los salvadoreños.

Si Moisés hubiera sido salvadoreño en 1978,
hubiera oído junto a la zarza ardiendo

la misma voz de Yahvé que escuchó
cuando lo mandó a sacar al pueblo
   de la tiranía del Faraón:
"Soy el Dios que está con vosotros"[6].
Hermanos, llenémonos de esta gran confianza
en este día en que nuestra Iglesia nos invita
   a ir a las fuentes de nuestra esperanza,
   de nuestra religión,
a encontrarnos con el Dios verdadero,
   el Dios que nos ama como padre a su familia.

21 DE MAYO DE 1978

Fe es la del niño
   cuando el papá, poniéndole las manos,
le dice: "¡Tírate!"
   y el niño se lanza al vacío
con la seguridad de que las manos de su padre
   no lo dejarán caer.
Esto es fe.
Esto es lo que dice Cristo:
"El que cree en mí
   no será condenado"[7].
El que se entrega,
   el que no desconfía,
   el que aun en las horas más difíciles cree y espera,
no será condenado.
Pero el que no cree,
   el que no quiere dar el brinco a los brazos de Cristo
porque está más aferrado a sus cosas terrenales,
   el que no cree,
   el que no tiene confianza en Dios,
   el que no cree que Dios va con nuestra historia

y nos va a salvar,
ya está condenado,
ya su vida es un infierno.
Por eso quizás hay tanto infierno en nuestro ambiente,
porque son acciones diabólicas
las que estamos sufriendo.

2 1 D E M A Y O D E 1 9 7 8

Solidaridad en el dolor[8]

Tres hombres secuestrados... cuatro víctimas de un trágico accidente aéreo... dos campesinos asesinados después de una manifestación... son, en estos días, el signo elocuente del dolor humano que se hace más trágico por la maldad del hombre.

El dolor siempre existirá. Es una herencia del primer pecado y una consecuencia de los demás pecados que Dios permite, aun después de la redención, pero que la redención convierte en fuerza de salvación cuando se sufre en unión de fe, esperanza y amor con el dolor divino del Redentor y de su cruz. El sufrimiento es la sombra de la mano de Dios que bendice y perdona. Por eso el dolor une, solidariza a los hombres entre sí y los acerca a Dios.

Pero del sufrimiento se puede decir lo mismo que dijo el Señor cuando habló del escándalo: "Es forzoso ciertamente que vengan escándalos, pero ¡ay de aquel hombre por quien el escándalo viene!"[9].

Si el dolor es algo inherente a nuestra misma naturaleza, el hacer sufrir es criminal. Sólo Dios, autor y dueño de la vida y de la felicidad de los hombres, tiene derecho a quitar la vida y a medir con proporción de amor y sabiduría la capacidad de sus hijos para aquilatarlos en el dolor y hacerlos dignos de su felicidad. Toda mano que toca la vida, la libertad, la dignidad, la tranquilidad y felicidad de los hombres y de las familias y de los pueblos, es una mano sacrílega y criminal. Toda sangre, todo sufrimiento, todo atropello que cause un hombre a otro hombre, se convierte en un eco de la maldición de Dios ante el crimen de Caín: "¿Qué has hecho? Se oye la sangre de tu hermano clamar a mí desde el suelo. Pues bien: ¡Maldito seas!"[10].

26 DE MAYO DE 1978

Hoy no existen aquellos ídolos de los corintios: de oro, figuras de animales, de mujer, de estrellas, de soles. Pero hoy existen otros ídolos que tantas veces los hemos denunciado.

Un cristiano que se alimenta en la comunión eucarística, donde su fe le dice que se une a la vida de Cristo, ¿cómo puede vivir idólatra del dinero, idólatra del poder, idólatra de sí mismo —el egoísmo? ¿Cómo puede ser idólatra un cristiano que comulga?

Pues, queridos hermanos, hay muchos que comulgan y son idólatras. Y en nuestro siglo veinte, en este mismo año, San Pablo podía repetir a muchos cristianos de San Salvador y de las comunidades que están meditando esta palabra, si de verdad creen que Cristo está presente y se unen con él en el momento de la comunión, ¿cómo es posible que después vivan tan inmorales, tan egoístas, tan injustos, tan idólatras?, ¿cómo es posible que pongan más su confianza en las cosas de la tierra que en el poder de Cristo que se hace presente en el gran sacrificio?

28 DE MAYO DE 1978

Qué hermosa es la misa,
 sobre todo cuando se celebra con una catedral llena
 como la de nuestros domingos,
o cuando se celebra también humilde
en las ermitas de los cantones con una gente llena de fe,

que sabe que Cristo, el Rey de la Gloria, el Sacerdote Eterno,
está recogiendo todo lo que le traemos de la semana:
    penas, fracasos, esperanzas, proyectos,
    alegrías, tristezas, dolores.
¡Cuántas cosas le trae cada uno de ustedes, hermanos,
    en su misa dominical!
Y el Eterno Sacerdote las recoge en sus manos y,
por medio del sacerdote-hombre que celebra,
    las eleva al Padre.
Es el fruto del trabajo de toda esta gente.
Unido a mi sacrificio presente en este altar,
    esta gente se diviniza
y ahora sale de la catedral
    a seguir trabajando,
    a seguir luchando,
    a seguir sufriendo,
pero siempre unida con el Eterno Sacerdote
que queda presente en la eucaristía
para que lo sepamos encontrar el otro domingo también.

28 DE MAYO DE 1978

Yo les invito, queridos hermanos, a que no meditemos una palabra desencarnada de la realidad, que es muy fácil predicar un evangelio que lo mismo puede ser aquí en El Salvador que allá en Guatemala, en África.

Es el mismo evangelio, naturalmente, como es el mismo sol que ilumina a todo el mundo. Pero así como el sol se diversifica en flores, en frutas, según las necesidades de la naturaleza que lo recibe, también la palabra de Dios tiene que encarnarse en realidades.

Y esto es lo difícil de la predicación de la Iglesia. Predicar un evangelio sin comprometerse con la realidad no trae problemas, y es muy fácil cumplir así la misión del predicador.

Pero iluminar con esa luz universal del evangelio nuestras propias miserias salvadoreñas—y también nuestras propias alegrías y éxitos salvadoreños—esto es lo más bello de la palabra de Dios; porque así sabemos que Cristo nos está hablando a nosotros, comunidad de nuestra arquidiócesis reunida en esta meditación de su divina palabra.

4 DE JUNIO DE 1978

El bienestar que todos necesitamos[11]

El "slogan" que hoy vemos por todas partes, "Bienestar para todos", sería una fórmula genial para expresar el "bien común", si fueran auténticos y sinceros esos dos términos, "bienestar" y "todos". Porque un bienestar en el sentido de bien común fue definido así por el Concilio Vaticano II:

> "El bien común abarca el conjunto de aquellas condiciones de vida social con las cuales los hombres, las familias y las asociaciones pueden lograr con mayor plenitud y facilidad su propia perfección"[12].

El resultado, pues, de un legítimo bienestar social no se debe limitar a sólo aspectos económicos de productividad. Un legítimo bienestar, si es sinónimo del verdadero bien común que da origen y autoridad a una comunidad política, tiene una meta moral en cuyo logro deben conjugarse tareas y objetivos que están más allá de los simples bienes materiales. El mismo Concilio, en el mismo párrafo, lo expresa así:

> "Las modalidades concretas por las que la comunidad política organiza su estructura fundamental y el equilibrio de los poderes públicos pueden ser diferentes, según el genio de cada pueblo y la marcha de su historia. Pero deben tender siempre a formar un tipo de hombre culto, pacífico y benévolo respecto de los demás para provecho de toda la familia humana"[13].

Así debe entenderse también el destino universal expresado en el citado "slogan" para que sea un "slogan" del auténtico bien común. Lo que todos los salvadoreños tenemos derecho a esperar de quienes conducen nuestra comunidad política, es manejar los instrumentos de nuestra democracia, no sólo para lograr ventajas materiales de poder o de dinero aunque se buscaran "para todos", sino para lograr una verdadera humanización de todos. Porque el hombre no vale tanto por lo que tiene cuanto por lo que es[14].

Nunca he pretendido que una "transformación" agraria o de cualquier otro tipo económico sea suficiente con sólo repartir o hacer llegar a todos las riquezas del país. Eso es necesario y urgente, pero no basta. También ese bienestar debe llegar a todos poniendo en práctica el principio constitucional de la "función social" de la "propiedad privada" entendido en una sana e inteligente justicia distributiva. Pero digo que no basta una justicia distributiva si sólo tiene en mente el bienestar material.

Hay algo que vale más que el pan y que las gangas materiales. Hay un sentido de honor y de virtud innata que no lo promueven los bienes materiales con sólo poseerlos. Éstos más bien son dañinos en sus dos extremos: o cuando se tienen en excesiva abundancia o cuando faltan en excesiva miseria.

Un verdadero bienestar para todos será el verdadero bien común en que se abren los cauces legítimos de una verdadera democracia para que sin miedo a represiones todos sin excepción puedan aportar su granito de arena para lograr que todos los salvadoreños realicen en sí mismos ese " tipo de hombre culto, pacífico y benévolo respecto de los demás para provecho de toda la familia humana".

6 DE JUNIO DE 1978

Denuncia de idolatría ha sido la misión siempre
de los profetas y de la Iglesia.
Ya no es el dios Baal,
pero hay otros ídolos tremendos de nuestro tiempo:
el dios dinero,
el dios poder,
el dios lujo,
el dios lujuria.
¡Cuántos dioses entronizados en nuestro ambiente!
Y la voz de Oseas tiene actualidad también ahora
para decirles a los cristianos:
no mezclen con la adoración del verdadero Dios
esas idolatrías.
No se puede servir a dos señores:
al Dios verdadero y al dinero.
Le tiene que servir a uno solo[15].

11 DE JUNIO DE 1978

Bien tranquilo estaba Abraham en Ur de Caldea, cuando el Señor le dice: "Sal de tu parentela, y vete a la tierra que te mostraré"[16], sin decirle adónde. Abraham sale caminando como un sonámbulo, esperando que el Señor le diga adónde tiene que ir. Y pasaron años y generaciones hasta que volvieron de Egipto los descendientes de Abraham para poseer la tierra prometida.

Dios tiene por delante la eternidad. La seguridad sólo es de Dios. A nosotros sólo nos toca seguir humildemente por donde Dios nos quiera llevar. Y dichoso aquel que se siente fiel a los caminos que Dios le va inspirando, y no por complacer a los hombres a quedarse con la conciencia intranquila allí donde los otros creen que está la seguridad.

Sal de tu parentela, despójate de tus falsas seguridades, conviértete al Señor. Éste es el camino inacabable de esta peregrinación de nuestra fe.

A nadie le cuesta tanto
　　decir las maldades de su propio pueblo como a mí,
hermanos, que tengo el deber pastoral de señalar
—por mandato del evangelio y de Jesucristo,
　　que quita los pecados del mundo—
qué es pecado y qué no debe reinar,
por dónde hay que caminar.
La conversión, la fe, la misericordia,
　　es lo que he predicado siempre.
Sólo la calumnia indigna y vil
　　puede encontrar en mis palabras otra cosa.
Pero la palabra de Oseas, la palabra de Pablo,
　　la palabra de Cristo, la palabra de la Iglesia,
es la que yo quiero hacer eco,
　　para anunciar a mi querido pueblo,
　　a todos sin excepción,
　　a los pecadores también.
Porque cuando Cristo reprendía a los de su tiempo,
　　no los odiaba.
Los amaba,
porque los quería arrancar de las garras de la idolatría,
　　de las falsas posiciones,
para buscar el verdadero camino,
donde pueden encontrarse con la misericordia
que Dios está ofreciendo,
　　para perdonarlos,
　　para justificarlos.

Allá en Roma (la información, los diálogos detenidos y serenos con los representantes de la autoridad central de la Iglesia, las aclaraciones en algunos malos entendidos o surgidos de informaciones falsas o interesadas) la presencia mía me pareció tan providencial que le doy gracias al Señor que allá, donde ya saben cómo amo y soy solidario de la Sede del Sucesor de Pedro, no podían dudar de mi fidelidad al Papa, y he ratificado una vez más que moriré, [Dios mediante,] fiel al Sucesor de Pedro, al Vicario de Cristo.

Les decía: es fácil predicar teóricamente sus enseñanzas, seguir fielmente el Magisterio del Papa, en teoría. Es muy fácil. Pero cuando se trata de vivir, cuando se trata de encarnar, cuando se trata de hacer realidad en la historia de un pueblo sufrido como el nuestro esas enseñanzas salvadoras, es cuando surgen los conflictos.

Y no es que me haya hecho infiel. ¡Jamás! Al contrario, siento que hoy soy más fiel porque vivo la prueba, el sufrimiento y la alegría íntima de proclamar no solamente con palabras y con profesiones de labios una doctrina que siempre he creído y amado, sino que estoy tratando de hacerla vida en esta comunidad que el Señor me ha encargado.

Y yo les suplico a todos ustedes, queridos hermanos, que si de verdad somos católicos, seguidores de un evangelio auténtico y por auténtico muy difícil, si de verdad queremos hacer honor a esta palabra de "seguidores de Cristo", no tengamos miedo de hacer sangre y vida, verdad e historia, esa doctrina que de las páginas del evangelio se hace actualidad en la doctrina de los concilios y de los papas que tratan de vivir como verdaderos pastores las vicisitudes de su tiempo.

2 DE JULIO DE 1978

Debió ser un momento—iba a decir, de desilusión—cuando Cristo veía las grandes muchedumbres que lo seguían, pero entre ellos sólo gente sencilla: campesinos, pescadores. Y si acaso algún sabio se acercaba, le veía retirarse con desdén, como riéndose de la doctrina que aquel loco estaba predicando.

Y Cristo cuando se quedó solo, levantando los ojos a su Padre, expresa la ternura, la angustia, la aflicción de su corazón: ¿Por qué, Padre, ofreciéndoles una doctrina tan bella, no me la quieren creer unos, y otros, precisamente los sencillos, me la aceptan? "Te doy gracias, Padre, porque has escondido estas cosas a los entendidos y soberbios y las has revelado a la gente sencilla. Sí, Padre, así has querido"[17].

Iniciativa de Dios. No tiene la culpa Jesucristo, ni la Iglesia ni el predicador. Y cuando se quieran reír de que sólo la gente sencilla nos sigue, aquí está en el evangelio la explicación.

9 D E   J U L I O   D E   1 9 7 8

Cuando Pablo VI hablaba de que había que renovar la Iglesia y que era la meta del Concilio Vaticano II, aclaró muy bien: "renovación" no quiere decir acomodarse a los modos modernos, a veces anticristianos, del mundo; "renovación" quiere decir hacer que la Iglesia sea coherente con la semilla que se plantó. Un árbol, por más que crezca, siempre es coherente con su semilla. Lo que interesa, pues, es saber que la palabra de Dios es una semilla y que no se puede alterar. Ya quisiéramos una doctrina más acomodada a nuestros intereses. Ya quisiéramos una predicación que no molestara tanto, que no creara conflictos.

Pero cuando Cristo plantó la semilla, tuvo conflictos, porque esa semilla que es la palabra del Justo, del Santo, del que sabe lo que quiere cuando ha creado al hombre y a la naturaleza, orienta y choca contra el pecado, contra quienes no quieren dejar crecer esa semilla.

1 6 D E   J U L I O   D E   1 9 7 8

¡Qué distinto es predicar aquí, en este momento, que hablar como amigos con cualquiera de ustedes!

En este instante yo sé que estoy siendo instrumento del Espíritu de Dios en su Iglesia para orientar al pueblo, y puedo decir como Cristo: "El Espíritu del Señor sobre mí, a evangelizar a los pobres me ha enviado"[18].

El mismo Espíritu que animó a Cristo y le dio fuerza a aquel cuerpo nacido de la Virgen para que fuera víctima de salvación del mundo, es el mismo Espíritu que a mi garganta, a mi lengua, a mis débiles miembros, les da también fuerza e inspiración.

Y a ustedes, pueblo de Dios, ese mismo Espíritu les da capacidad para oír como se debe oír la palabra de Dios.

Yo sé que muchos no me oyen con este Espíritu sobrenatural, y de ellos puedo decir lo de la parábola, es la semilla que cae en el camino real, se la llevará el maligno[19].

Pero sí sé que muchos me escuchan como la parábola de hoy, como tierra que recibe la semilla, que el Espíritu de Dios da a esa tierra que es el corazón de ustedes la capacidad de oír sobrenaturalmente, la gracia de poder escuchar.

De allí les decía que no sólo el predicador enseña, el predicador aprende; ustedes me enseñan. La atención de ustedes es para mí también inspiración del Espíritu Santo; el rechazo de ustedes sería para mí también rechazo de Dios.

Por eso les decía que el pueblo tiene un sentido de infalibilidad, que se llama sentido de fe. Se lo da el Espíritu Santo a la más humilde mujer del pueblo, a todos, para que cuando escuchen a un obispo, a un sacerdote, sepan discernir y por lo menos sospechar: esa doctrina no debe de ser del evangelio.

Hermanos, pero cuando yo veo esta atención, esta fe, y sobre todo esa conversión, ese buscar la Iglesia, buscar a Dios, yo digo con alegría: *digitus Dei est hic*, aquí está el dedo de Dios.

16 DE JULIO DE 1978

Evangelizar no es sólo decir palabras.
Predicar es relativamente fácil,
pero vivir lo que se predica… .
Como le dije al Santo Padre yo en Roma:
Santo Padre, acatar las doctrinas de la Santa Sede,
   del Magisterio,
elogiarlas, alabarlas, defenderlas teóricamente,
   es muy fácil.
Pero cuando se trata de encarnar esa doctrina
   y hacerla vida en una diócesis, en una comunidad,
y señalar los hechos concretos que están contra esa doctrina,
entonces surgen los conflictos.
Y ésta es la vida de nuestra arquidiócesis.
Por eso, hermanos, porque no todos están dispuestos
   a vivir el compromiso del testimonio,
no todos sufren la persecución
y fácilmente es decir, no hay persecución.
Pero todo aquel sacerdote, religioso o fiel,
   que quiera predicar este anuncio
del evangelio de Cristo en la verdad,
   tiene que sufrir persecución.
Es necesario el testimonio de vida.
Y aquí hago un llamamiento
   para que la vida de todos ustedes y mía,
hermanos, sea de verdad una predicación muda.
Así se vive en evangelio,
no solamente predicar bonitos sermones
   y no vivirlo.

1 6 D E J U L I O D E 1 9 7 8

San Pablo nos habla de la glorificación
que un día se nos dará,

que es superior a todos los dolores y sufrimientos
   que se puedan tener en esta tierra.
Yo oí en estos días esta frase de San Pablo,
pero traducida al sufrimiento de un torturado
   que lo tuvieron amarrado tres días de los dedos,
y mientras sufría decía:
"Son mayores las esperanzas y la gloria que espero
   que este sufrimiento"[20].
Ánimo, queridos perseguidos.
Ánimo, torturados.
Ánimo, todos aquellos que esperan una patria mejor
   y no ven horizontes.
Los sufrimientos son condición de la redención
que no se ganó sino con un Cristo clavado en una cruz.
Pero después vino la resurrección,
y en el corazón de Cristo nunca se apagó la certidumbre
de que el mundo iba a ser redimido
   a pesar de su fracaso aparente.
No fracasamos los cristianos,
porque llevamos el Espíritu que resucitó a Cristo.

16 DE JULIO DE 1978

En la primera lectura[21], Dios es un Dios providencia, un Dios que cuida de todo, un Dios que nos gobierna.

¡Qué precioso sentirse, hermanos, gobernados por Dios, bajo la soberanía de Dios! Así se explica cuando la Sagrada Biblia también dice que no hay potestad que no venga de Dios y que hay que obedecer al poder porque viene de Dios.

Pero está diciendo también que el soberano, el que manda, no tiene que mandar fuera de lo que Dios quiere, y que si una autoridad tiene que ser respetada, es porque refleja la potestad santa de Dios.

Cuando la potestad de los hombres se hace abuso contra la
ley de Dios, contra el derecho, la libertad, la dignidad de los
hombres, entonces es la hora de gritar como San Pedro, también
en la Biblia: "Hay que obedecer a Dios antes que a los hombres"[22].

Toda potestad viene de Dios; y por eso el gobernante no puede usar la potestad a su capricho, sino según la voluntad del Señor. Es la providencia de Dios que quiere gobernar los pueblos,
y los gobernantes son sus ministros, servidores de Dios como
todas sus criaturas.

2 3 D E J U L I O D E 1 9 7 8

En la lectura de hoy [Dios es] un Dios misericordioso:
    "Tu soberanía universal te hace perdonar a todos....
    Nos gobiernas con gran indulgencia
    porque puedes hacer cuanto quieres".
Parece un contraste.
Precisamente porque puedes hacer cuanto quieres,
    podrías atropellarnos,
    podrías pisotearnos,
    podrías torturarnos,
    podrías tratarnos cruelmente.
Pero no.
Precisamente porque puedes hacer lo que quieres,
    nos amas,
porque tienes los recursos para ser misericordioso
    y esperar que los hombres vuelvan
    al buen camino.
¡Qué distinta la justicia de los hombres!
Cuando los hombres llegan a tener un poder,
¡cómo atropellan!
    ¡Cuántas torturas, cuántas groserías!
"Puedes hacer lo que quieres

y por eso me estás tratando así".
Cuántos lo habrán dicho en esos antros horrorosos
que avergüenzan a nuestra civilización,
    en la policía,
    en la Guardia,
en todas partes donde ha habido tortura:
    los poderosos,
    los que tienen armas,
    los que tienen botas para golpear,
porque pueden hacer lo que quieren.

Pero sólo Dios puede hacer lo que quiere,
y ese Dios nos gobierna con bondad,
precisamente porque el poder en los débiles
    se convierte en crueldad;
es un complejo de inferioridad
    llevado a la grosería.
Dios no tiene complejos de inferioridad.
Dios es soberano,
Dios lo puede todo.
Y por eso hasta sus reos, sus pecadores,
    los juzga con bondad y con misericordia.

Pero este Dios justo y misericordioso también sanciona,
porque la misericordia no es debilidad.

23 DE JULIO DE 1978

La parábola del trigo y la cizaña... nos debe llevar también,
queridos hermanos,
a comprender el misterio de iniquidad
    que también se opera en la Iglesia —
que la Iglesia no es la siembra del trigo de Dios.
    Los obispos, los sacerdotes, las religiosas, los laicos,

los matrimonios, los jóvenes, los colegios católicos,
¿no debían de ser todos ellos santos?
  Claro que sí.
¿Lo son?
  Tristemente, tenemos que decir: no.
¿Entonces la Iglesia es falsa?
  Tampoco.
Si hay una Iglesia que se quiere gloriar
  de tener a todos sus miembros santos,
no será la Iglesia verdadera,
porque Cristo ha dicho que su Iglesia se parece al campo
  donde fructifica el trigo y la cizaña[23].
Mientras vivimos en esta Iglesia peregrina,
  tenemos que estar juntos,
    trigo y cizaña.

23 DE JULIO DE 1978

Dios ha sembrado bondad.
Ningún niño ha nacido malo.
Todos hemos sido llamados a la santidad.
Valores que Dios ha sembrado en el corazón del hombre
y que los actuales, los contemporáneos, tanto estiman,
  no son piedras raras;
son cosas que nacen continuamente.

¿Por qué entonces hay tanta maldad?
Porque los ha corrompido la mala inclinación
  del corazón humano
y necesitan purificación.

La vocación del hombre pues primigenia, original,
  es la bondad.
Todos hemos nacido para la bondad.

Nadie nació con inclinaciones a hacer secuestros;
nadie nació con inclinaciones para ser un criminal;
nadie nació para ser un torturador;
nadie nació para ser un asesino.
Todos nacimos para ser buenos,
   para amarnos,
   para comprendernos.
¿Por qué entonces, Señor, han brotado
   en tus campos tantas cizañas?
El enemigo lo ha hecho, dice Cristo.
El hombre dejó que creciera en su corazón la maleza:
   las malas compañías,
   las malas inclinaciones,
   los vicios.
Queridos jóvenes,
ustedes que están en el momento
en que la vocación se decide:
Piensen que todos hemos sido llamados a la bondad,
y que lo que está dejando a ustedes los jóvenes
   esta edad madura,
a la que yo también pertenezco,
(y tengo que lamentar dejarles en herencia
   tanto egoísmo, tanta maldad),
ustedes renueven,
trigo nuevo,
cosechas recién sembradas,
campos todavía frescos con la mano de Dios.
Niños, jóvenes:
¡Sean ustedes un mundo mejor!

23 DE JULIO DE 1978

CAPÍTULO 4

¡No los arranquen!

En esos antros misteriosos
donde se han perdido tantos de nuestros hermanos,
    ¡cuántos saben el terrible secreto!,
    ¡cuántos tienen las manos manchadas de sangre
    o de atropello!
y ¡cuánta gente cizaña!
Dios los está esperando.
No los arranquen, dice Cristo; esperen.
Esperamos.

Quisiera decirles a todos esos amigos y hermanos
que tienen su conciencia intranquila
porque han ofendido a Dios y al prójimo:
    que no pueden ser felices así,
    que el Dios del amor los está llamando.
    Los quiere perdonar,
    los quiere salvos.

23 DE JULIO DE 1978

Si queremos mostrar de veras esa creación nueva
que Dios ha hecho adentro de nosotros,
y que nos ha dado su Espíritu
y nos ha hecho participantes de su gusto divino,
    dejémonos conducir por el Espíritu para hacer oración.

San Pablo ha dicho hoy:
   El Espíritu dentro de vosotros os enseña a pedir y a orar
      según el deseo de Dios
   y el Dios que escudriña los espíritus
   sabe lo que el Espíritu de Dios está pidiendo
      dentro de vuestros corazones[1].

¿Cómo es esto
que Dios, para entablar un diálogo íntimo con el hombre,
ha elevado al hombre
para ponerlo en la misma plataforma divina
   y hablar su mismo lenguaje?
Y para ponerlo en su plataforma divina
   le ha dado su Espíritu.

Orar es platicar con Dios.
Hay una comparación preciosa del Concilio Vaticano II
que dice que Dios le ha dado al hombre
el santuario íntimo de su conciencia,
   para que el hombre entre a esta celda privada
   y allí hable a solas con Dios
   para decidir su propio destino.
Todos tenemos una Iglesia dentro de nosotros:
   nuestra propia conciencia.
Allí está Dios,
   su Espíritu.
Dichoso aquel que no deja solo ese santuario y nunca reza.
Dichoso aquel que entra muchas veces
   a hablar a solas con su Dios.

Hagan la prueba, hermanos,
y aunque se sientan pecadores y manchados,
entren más que nunca para decir:
   Señor,
      corrígeme,

he pecado,
te he ofendido.

O cuando sienten la alegría de una buena acción:
   Señor, te doy gracias
   porque mi conciencia está feliz
   y tú me estás felicitando.

O cuando estás en angustias
y no encuentras quien te diga una palabra de orientación,
      entra a tu santuario íntimo,
      que Dios te orientará.

O cuando estás triste,
como tantas madres tristes
que no han hallado a sus hijos desaparecidos,
entra tú a solas con Dios y di:
      Señor,
      tú sabes dónde está.
      Tú sabes cómo me lo están tratando.

Y platica con él.

¡Qué hermosa es la oración, hermanos,
cuando de veras se hace con ese Espíritu de Dios
      dentro de nosotros,
participando de la vida de Dios!

23 DE JULIO DE 1978

Fiestas patronales[2]

En una vertiginosa carrera de secularización, muchos han perdido el sentido religioso y eclesial de las fiestas patronales de la diócesis o del país. Y sería ingenuo querer detener esa carrera o lamentar la pérdida de tradiciones que ayer tuvieron su razón de ser pero que hoy deben ceder el paso a nuevas exigencias. Lo que no hay que perder es lo esencial del contenido y de la misión de las fiestas patronales.

Lo esencial que nuestras fiestas litúrgicas y populares deben ofrecer a la diócesis y a la patria es un triple sentido de unidad, de trascendencia y de protección. Esto es lo inmutable. Esto debe marcar el fruto moral, humano, cristiano, de nuestras celebraciones, cualquiera sea el ropaje de la celebración exterior.

El patrono es ante todo una fuerza de unidad. Une en el amor y en el ideal. Es maravillosa la expresión de alegría y amistad que une los corazones en el recuerdo del patrono. Y si la Iglesia es esa comunidad universal que sabe conjugar maravillosamente la unidad en la variedad, el patrono imprime en las comunidades locales una fisonomía espiritual que las distingue, en el concierto de la unidad universal, a unas de otras. Junto con el patrono naturalmente está la fuerza jerárquica del propio obispo, que no puede prescindir de la fuerza y característica unitivas del patrono de la diócesis para hacer una pastoral adecuada a la índole de su pueblo.

El patrono es también reclamo de trascendencia. En los afanes temporales de la Iglesia, el patrono es un recuerdo cristiano de su destino escatológico. Pero no es una escatología y trascendencia desencarnadas. Como voz y mensaje de un más allá de la historia, es un recuerdo de que ese más allá se labra en el más acá de los propios deberes. El patrono generalmente fue un caminante de esta tierra y sigue acompañando, desde su eternidad, todas las vicisitudes del Reino de Dios que se establece y peregrina en la historia y en el mundo.

Finalmente, la fiesta del patrono despierta un sentimiento de esperanza y seguridad porque significa una fuerza de protección. La seguridad del triunfo que ellos ya saborean, la posesión de una vida apoyada con plenitud en el amor del Omnipotente, se hace seguridad y vida de los protegidos que, sin anular sus esfuerzos personales, se vuelven más arrestosos y firmes en las

batallas del Reino de Dios para procurar un mundo más feliz
para los hombres.

28 DE JULIO DE 1978

Uno se emociona cuando piensa:
   nueve meses antes de nacer
   hubo una mujer que me amaba entrañablemente.
No sabía cómo iba a ser yo,
   pero me amaba
   porque me llevaba en sus entrañas.
Y cuando me dio a luz,
   me abrazaba
   porque no estaba estrenando el amor —
ya lo concibió junto conmigo.

La madre ama,
y por eso es tan abominable el aborto,
porque la madre que aborta
no es fiel a ese amor que debe tener
   (como Dios en la eternidad)
antes que nazca la criatura.

Dios es la imagen bella
de la madre embarazada.
Dios me tenía en su seno
   y me amaba y me destinó
   y ya pensó en mis días
   y en mi muerte.
Lo que me va a pasar ahora no me importa;
ya Dios lo conoce.

No tengamos miedo, hermanos.
Vivimos unas horas de difíciles vicisitudes.
No sabemos si esta misma tarde

estaremos presos
o matados.
No sabemos
qué van a hacer con nosotros las fuerzas del mal.
Pero una cosa sí sé,
que aun los desaparecidos,
aun aquellos que son llorados
en el misterio de un secuestro,
Dios los conoce y los ama.
Y si Dios permite esas desapariciones,
no es porque él sea impotente.
Él me ama,
él sigue amando.

Él ama también nuestra historia
y sabe por dónde van a salir
los caminos de redención de nuestra patria.
No desconfiamos de esta gran verdad.
Éste es el verdadero tesoro del Reino de Dios:
    la esperanza, la fe, la oración,
    la fuerza íntima que me une con Dios.
Esto pidamos, hermanos.

30 DE JULIO DE 1978

Me da gusto ver ahora a este pueblo
venido de toda la comunidad de la arquidiócesis
    y de más allá de nuestros límites,
venir a anegar su esperanza, su fe,
    en la luz de Cristo.
Parece que San Pedro ha escrito
para nosotros los salvadoreños
esa hermosa carta segunda,
de la cual se ha tomado hoy la palabra de exhortación

que permanezcamos fieles
a la enseñanza que se nos ha dado,
apoyada en el poder y en la gloria de Cristo
y en el testimonio vivo de los apóstoles
que vieron con sus propios ojos la clarificación del Redentor,
y que viene a confirmar el testimonio de los profetas.
Y allí está todo el Viejo Testamento en Moisés y Elías
y todo el Nuevo Testamento en Pedro, Santiago y Juan,
    haciendo frente a las fábulas ingeniosas,
    a las doctrinas de los hombres,
    a las falsas redenciones que los hombres prometen,
para que sepan confiar en él.
Y esta fe,
dice San Pedro, ya casi convirtiéndose en un poeta,
    como una lámpara encendida en la noche
iluminará las tinieblas
    hasta que amanezca el lucero de la mañana.

Es la noche de nuestra historia,
    es el caminar de nuestro tiempo,
    son estas horas difíciles
como las que está viviendo nuestra patria,
    en que parece una noche cerrada.
Cuando el sol de la Transfiguración
se hace luz y esperanza en el pueblo cristiano
e ilumina nuestro camino,
sigámoslo fieles.

Queridos hermanos,
por eso la Iglesia que se siente eso:
lámpara de Dios,
    —luz tomada del rostro iluminado de Cristo
    para iluminar la vida de los hombres,
    la vida de los pueblos,
    las complicaciones y los problemas

que los hombres crean en su historia—
siente la obligación de hablar, de iluminar,
como la lámpara en la noche
siente la necesidad de iluminar las tinieblas[3].

6 DE AGOSTO DE 1978

La Iglesia es lámpara que tiene que iluminar, y por tanto tiene que meterse en las realidades para poder iluminar al hombre que peregrina en esta tierra. Desde esa competencia suya—que no es salirse de su ámbito, sino mantener su deber difícil de iluminar las realidades—la Iglesia defiende el derecho de asociación, y la Iglesia promueve una acción dinámica de concientización y de organización de los sectores populares para conseguir la paz y la justicia.

La Iglesia, desde su evangelio, apoya los objetivos justos que buscan también las organizaciones, y denuncia también las injusticias y las violencias que pueden cometer las organizaciones. Por eso la Iglesia no se puede identificar con ninguna organización, aun con aquellas que se califiquen y se sientan cristianas. La Iglesia no es la organización, ni la organización es la Iglesia.

Si en un cristiano han crecido las dimensiones de la fe y de la vocación política, no se pueden identificar sin más las tareas de la fe y una determinada tarea política, ni mucho menos se pueden identificar Iglesia y organización. No se puede afirmar que sólo dentro de una determinada organización se puede desarrollar la exigencia de la fe. No todo cristiano tiene vocación política, ni el cauce político es el único que lleva a una tarea de justicia. También hay otros modos de traducir la fe en un trabajo de justicia y de bien común.

No se puede exigir a la Iglesia o a sus símbolos eclesiales que se conviertan en mecanismos de actividad política. Para ser buen político no se necesita ser cristiano, pero el cristiano metido en actividad política tiene obligación de confesar su fe en

Cristo y usar los métodos que estén de acuerdo con su fe. Y si en eso surgiera en este campo un conflicto entre la lealtad a su fe y la lealtad a la organización, el cristiano verdadero debe preferir su fe y demostrar que su lucha por la justicia es por la justicia del Reino de Dios y no otra justicia.

Los sacerdotes y los laicos llamados a una colaboración jerárquica, es natural que por trabajar en una evangelización encarnada en la realidad del país sientan más simpatías por un partido o por una organización que por otra. Pero sabiendo que la eficacia de la misión de la Iglesia está en ser fieles a su propia identidad, tendrán como primera meta de su trabajo pastoral ser animadores, orientadores, en la fe y en la justicia, y dejarán las tareas concretas que origina la actividad política ordinaria para que la realicen quienes son más expertos en analizar y en encauzar.

6 DE AGOSTO DE 1978

A quienes llevan en su mano
o en su conciencia
    el peso de la sangre,
    del atropello,
    de las víctimas
—inocentes o culpables pero siempre víctimas
en su dignidad de hombres—,
les diré:
    Conviértanse.
No pueden encontrar a Dios
por esos caminos de torturas y de atropellos.
Dios se encuentra por los caminos de la justicia,
    de la conversión,
    de la verdad.

Y a quienes han recibido el terrible encargo de gobernar,
en nombre de Cristo les recuerdo la urgencia

de soluciones y leyes justas ante esta mayoría
que está con problemas vitales
   de subsistencia,
   de tierra,
   de sueldo.
El bien para todos, el bien común,
tiene que ser un impulso,
como la caridad para el cristiano.

Tengan en cuenta el derecho de participación
   que todos anhelan,
porque cada uno puede aportar algo
   al bien común de la patria,
y que se necesita hoy más que nunca una autoridad fuerte,
pero no para unificar mecánica o despóticamente,
   sino para una fuerza moral
   basada en la libertad
   y en la responsabilidad de todos,
para que todas esas fuerzas sepan converger,
   a pesar del pluralismo de opiniones
   y hasta de oposiciones al bienestar de la patria.
Den oportunidad de organizarse al pueblo,
deroguen las leyes injustas,
den amnistía a quienes han transgredido leyes
   que no son del bien común,
cese el amedrantamiento del pueblo,
   principalmente en el campo.
Haya libertad o consignación a los tribunales
   de quienes han desaparecido
   o están presos injustamente.
Haya posibilidades de regresar al país para los expulsados
o los impedidos de volver por causas políticas.

6 DE AGOSTO DE 1978

La creación y la conservación de la creación
el Concilio llama un testimonio perenne de sí mismo,
de Dios[4].

Quien mira la creación,
quien ve la conservación
    tan equilibrada y tan maravillosa de la naturaleza,
y aun aquel que siente el estremecimiento
    de los terremotos
y siente las llamaradas de los incendios,
    las fuerzas de los huracanes,
la belleza de la creación y la sublimidad de los fenómenos
    que el hombre sólo puede admirar pero no puede frenar,
la tempestad misma que Pedro sintió
    en el Lago de Genesaret —
¡qué chiquito se siente el hombre
    ante estas manifestaciones
    de la omnipotencia del Creador en su creación!
Son testimonio de sí mismo,
    testimonio perenne.
Dondequiera que abramos los ojos o los oídos
    o captemos el susurro de la creación,
Dios nos está hablando.

13 DE AGOSTO DE 1978

Una manifestación más exquisita [de Dios],
el Concilio la llama una revelación sobrenatural:
    quiso revelarse
    y manifestar el misterio de su voluntad.
Por Cristo y con él su Espíritu,
pueden los hombres llegar hasta el Padre
    y participar de la naturaleza divina.
Habla con los hombres como los amigos hablan entre sí.

Quien tiene un amigo, comprende esta bella comparación,
   donde no hay secretos,
   donde hay confianza,
   donde hay desahogos,
   donde los secretos se comunican
     sin temor de ser denunciados.
Así habla Dios
   sus secretos,
   sus destinos,
   sobre la creación,
   sobre el hombre,
   sobre su Iglesia.
¿Qué quiere Dios de la humanidad,
   él, el Dueño de la historia?
¡Qué hermoso es sentirse como Adán en el paraíso,
donde la Biblia dice que Dios bajaba
   a platicar con él!

Son los momentos sabrosos
que Cristo Hijo del Hombre sentía.
En ese momento que nos ha revelado el evangelio de hoy,
subió solo a la montaña para orar.
A Cristo lo encontramos muchas veces en este diálogo
   con su Padre.
Y es que nos quería enseñar
   que hay que vivir en continua comunicación con él
   y que hay que vivir de su vida,
   que no hay que vivir del pecado, de la mentira,
   que hay que anegarse en la belleza,
   en la sublimidad de Dios
   para darle gracias por los favores recibidos,
   para pedirle perdón por nuestras infidelidades,
   para pedirle cuando nuestras limitaciones topan
   ante la impotencia de lo grande que se nos pide.

Es necesario saber comprender que tenemos esa capacidad
y que Dios tiene el deseo de llenar esa capacidad.

Esto es lo bello de la oración y de la vida cristiana:
que el hombre logra comprender
que un interlocutor divino
    lo ha creado
    y lo ha elevado
    con capacidad para poder hablar
    de tú a tú.
¡Qué daríamos nosotros por tener esa potencia
    y crear un amigo a nuestro gusto
    y, con un soplo de nuestra vida,
    darle la capacidad de comprendernos mutuamente
    y de platicar tan íntimamente
que sienta que él verdaderamente es otro yo!
Eso lo ha hecho Dios.
El hombre es el otro yo de Dios.
Nos ha elevado para poder platicar
y compartir con nosotros sus alegrías,
    sus generosidades,
    sus grandezas.
¡Qué interlocutor más divino!

¿Cómo es posible
    que los hombres podamos vivir sin orar?
¿Cómo es posible
    que el hombre pueda pasarse toda su vida
        sin pensar en Dios,
    tener vacía esa capacidad de lo divino
        y no llenarla nunca?
Si sólo esto lograra, hermanos, en mi homilía de hoy:
    despertar un interés por descubrir
    eso que tal vez nunca se ha descubierto.

"A nadie llaméis maestro en la tierra", decía Cristo[5].
Miren, ¡qué rebeldía más grande!
Pero es la rebeldía santa
   del que ha encontrado al único
   que hay que llamar Señor.
Cuando se ha encontrado a ese Señor y Maestro
   que ilumina la verdad
   en la intimidad de la propia conciencia,
se es libre de verdad.

13 DE AGOSTO DE 1978

Esta Iglesia dinámica tiene que iluminar,
pero primero es;
porque, dice la filosofía,
   primero hay que ser para después actuar.
La Iglesia ante todo tiene este trabajo:
   ser, construirse.
Yo les invito siempre, queridos hermanos,
que en mi pobre palabra miren este esfuerzo ante todo.
No es un esfuerzo de confrontación con nadie;
   no estoy peleando con nadie.
Estoy ayudándole a Cristo a construir su Iglesia,
y llamando a todos ustedes, bautizados,
   que son Iglesia,
a que tomen conciencia,
a que colaboren,
a que hagamos de este pueblo de Dios que peregrina
   verdaderamente una antorcha que ilumine al mundo.
Por eso, nadie escuche mis palabras con ánimo polémico.
Yo no quiero ser una oposición,
   como se me dijo esta semana.
Quiero ser simplemente una afirmación.

Cuando un hombre dice sí a una convicción suya,
no esta confrontándose;
simplemente está afirmándose.
Y naturalmente que hay otros que no piensan como él,
y entonces viene la confrontación,
pero no porque uno tenga intención de buscarla.

20 DE AGOSTO DE 1978

Ya estamos precisamente en materia para que vean cuál es mi
oficio y cómo lo estoy cumpliendo. Estudio la palabra de Dios
que se va a leer el domingo; miro a mi alrededor, a mi pueblo. Lo
ilumino con esta palabra y saco una síntesis para podérsela
transmitir y hacerlo a ese pueblo luz del mundo, para que se deje
guiar por los criterios, no de las idolatrías de la tierra.

Y por eso naturalmente que los ídolos de la tierra y las idolatrías de la tierra sienten un estorbo en esta palabra y les interesa-
ría mucho que la destituyeran, que la callaran, que la mataran.

Suceda lo que Dios quiera; pero su palabra, decía San Pablo,
no está amarrada. Habrá profetas, sacerdotes o laicos (ya los hay
abundantemente) que van comprendiendo lo que Dios quiere
por su palabra y para nuestro pueblo.

20 DE AGOSTO DE 1978

Sí, es cierto que la Iglesia tiene ideales de paz,
pero distingue diversas categorías de violencias.
Allí [en mi carta pastoral] les recuerdo cómo
en la cumbre del Tabor
junto a Cristo transfigurado,
los cinco hombres que aparecen
—Moisés, Elías, Pedro, Santiago y Juan—
son hombres de carácter violento

y cometieron violencias tremendas.
Moisés mató a un egipcio;
Elías pasó a cuchillo
    a los profetas que no adoraban al verdadero Dios.
Pedro sacó su espada contra Malco
    para defender a Cristo.
Santiago y Juan pidieron a Cristo que lloviera fuego
    sobre un pueblo que no le quiso dar hospedaje.
Pero digo allí lo que dice Medellín[6]:
El cristiano es pacifista,
no porque no pueda combatir,
sino porque prefiere la fuerza de la paz.
Y les invito, pues, a que pongamos toda esa energía
    que Dios ha dado a nuestro pueblo salvadoreño
    como un torrente
no al servicio de la sangre, de la violencia.
Nada tenemos que temer
cuando los salvadoreños pongan toda esa agresividad
    que Dios les ha dado
al servicio de una construcción de la justicia verdadera,
    del orden que verdaderamente hay que defender.

27 DE AGOSTO DE 1978

Cuando Pablo VI modificaba el sentido de la penitencia
    en el pueblo cristiano,
dijo que había distintas maneras de entender
    el sentido penitencial de la vida cristiana:
De un modo se ayuna en aquellos países desarrollados,
    donde se come bien;
y de otra manera se ayuna en los países subdesarrollados,
    donde casi siempre se vive ayunando.
La penitencia en este caso, decía, es poner austeridad
    donde hay mucho bienestar,

y poner valor y la solidaridad con los que sufren
y trabajar por un mundo más justo
    allí donde se vive casi siempre ayunando.
Esto es penitencia, esto es voluntad de Dios.

3   D E   S E P T I E M B R E   D E   1 9 7 8

Yo quiero fijarme especialmente en el sentido divino
que San Pablo menciona hoy en su carta a los Romanos,
cuando dice que la vida del cristiano,
    el cuerpo del cristiano,
tiene que exhibirse a Dios como hostia viva
    agradable a Dios[7].
Miren que aquí la Biblia le está dando a nuestro cuerpo,
    a nuestra vida,
un sentido de hostia,
un sentido de holocausto,
un sentido divino que tiene todo hombre,
    hasta el más humilde.

Y yo quisiera que esta palabra ahora me la escucharan
    todos los que la están oyendo allá,
    también por la radio,
cualquiera que sea la circunstancia en que se encuentren.
    Tal vez es un enfermo desesperado en su dolor,
    tal vez un pobre que no ha encontrado trabajo
      y no tiene ni qué comer,
    tal vez alguien que trabaja y trabaja y no le produce,
    tal vez otro que tiene demasiado,
    que tiene demasiadas comodidades y es egoísta.
No sé quiénes me escuchan;
sólo agradezco la atención admirable
    que esta catedral llena me está dispensando.

Y yo les digo a ustedes, queridos hermanos en la fe,
   que si todo eso,
el sufrimiento, la pobreza, el trabajo, el deber,
   cualquiera que sea,
lo ofrecemos a Dios
      para agradar a Dios,
      para hacer su voluntad,
estamos siendo hostias agradables,
      víctimas de suavísimo olor en el altar del Padre.

3 DE SEPTIEMBRE DE 1978

La finalidad de nuestra vida es la gloria de Dios.
Por más humilde que sea una vida,
esto la hace grande.

3 DE SEPTIEMBRE DE 1978

La Iglesia le dice a todo hombre y a toda organización
   que busca un fin noble o justo:
"Está bueno, pero no basta;
incorpóralo a la redención cristiana.
Si no te liberas del pecado
—que es lo que Cristo vino a romper,
   las cadenas del pecado—,
si no te promueves hasta hacerte hijo de Dios
   por la gracia y por la santidad,
si tu liberación prescinde de Cristo
   y solamente confía en ideologías de la tierra,
tu liberación no es completa.
Yo te quiero servir,
      llevándote de la mano
      hacia la verdadera redención,

hacia el verdadero destino,
hacia la vocación integral del hombre".
Éste es el gran servicio de la Iglesia.

1 0 DE SEPTIEMBRE DE 1 9 7 8

Aquí en la Iglesia el domingo, hermanos,
el que me ha escuchado con sinceridad,
    sin prejuicios,
    sin odios,
    sin malas voluntades,
    sin intenciones de defender intereses
        que no se pueden defender,
el que me ha escuchado aquí, no puede decir
que yo estoy haciendo sermones políticos
    o sermones subversivos.
Todo eso es la calumnia nada más.
Me están escuchando en este momento
y estoy diciendo lo que siempre he dicho.
Lo que yo quiero decir aquí en el púlpito de la catedral,
    es qué es la Iglesia,
y desde esa Iglesia apoyar lo bueno,
    felicitarlo,
    animarlo,
    consolar a las víctimas de los atropellos, de las injusticias,
y también con valentía denunciar el atropello,
    las torturas,
    el desaparecimiento,
    la injusticia social.
Eso no es hacer política;
eso es construir Iglesia
    y cumplir el deber de la Iglesia
    desde su propia identidad.

Yo siento la conciencia bien tranquila,
y es mi llamamiento a todos ustedes
    para que construyamos la verdadera Iglesia.

10 DE SEPTIEMBRE DE 1978

La autoridad en la Iglesia no es mandato;
    es servicio.
Y el que no se haga como niño en el cristianismo
—sencillo—,
no puede entrar en el Reino de los Cielos.
Qué vergüenza para mí, pastor,
y les pido perdón a mi comunidad,
    cuando no haya podido desempeñar
    como servidor de ustedes
    mi papel de obispo.
No soy un jefe.
No soy un mandamás.
No soy una autoridad que se impone.
Quiero ser el servidor de Dios y de ustedes.

10 DE SEPTIEMBRE DE 1978

La misión profética, pues, es una obligación
    del pueblo de Dios.
Por eso, cuando con cierto tono de burla
    me dicen que yo me creo profeta,
les digo: "¡Bendito sea Dios! Si tú también tienes que serlo".
Porque todo cristiano,
    todo pueblo de Dios,
    toda familia,
tiene que desarrollar un sentido profético,
dar un sentido de la misión de Dios en el mundo,

traer una presencia divina
  que reclama, que rechaza.

1 0   D E   S E P T I E M B R E   D E   1 9 7 8

El pueblo profético,
como dice el evangelio de hoy,
busca al que se equivoca
para ganarlo para Dios[8];
y el profeta que está hablando
de los castigos del centinela negligente
está elogiando también la misericordia del Dios que llama[9].
Por eso, queridos hermanos,
sobre todo ustedes mis queridos hermanos que me odian,
ustedes mis queridos hermanos
    que creen que yo estoy predicando la violencia
    y me calumnian y saben que no es así,
ustedes que tienen las manos manchadas de crimen,
    de tortura,
    de atropello,
    de injusticia:
¡Conviértanse!
Los quiero mucho.
Me dan lástima,
porque van por caminos de perdición.

1 0   D E   S E P T I E M B R E   D E   1 9 7 8

¿Qué dice Cristo mismo?
"Donde dos o tres se reúnen en mi nombre,
    allí estoy yo en medio de ellos"[10].
¡Gracias, Señor!
Porque donde hay una comunidad
que se pone a reflexionar en tus palabras

con sinceridad religiosa,
allí estás tú, Cristo bendito, liberador de los hombres.
¿Cómo no me va a llenar el corazón de esperanza
una Iglesia donde florecen
las comunidades eclesiales de base?
¿Y por qué no voy a pedir
a mis queridos hermanos sacerdotes
que hagan florecer comunidades por todas partes,
    en los barrios, en los cantones, en las familias?
Porque, "donde dos o tres se reúnen en mi nombre",
    allí está el signo sacramental.

10 DE SEPTIEMBRE DE 1978

Muchos quisieran que el pobre siempre dijera, es "voluntad de
Dios" que así viva.
    No es voluntad de Dios que unos tengan todo y otros no ten-
gan nada. No puede ser de Dios. De Dios es la voluntad de que
todos sus hijos sean felices.

10 DE SEPTIEMBRE DE 1978

Dice San Pablo:
el que cumple con el amor cumple toda la ley,
    porque no robarás,
    no matarás,
    no harás mal a otro;
todo eso está comprendido en una sola palabra:
"Amarás a tu prójimo"[11].

Si hubiera amor al prójimo,
no existirían terrorismos,
    ni represión,
    ni egoísmos,
    ni desigualdades tan crueles en la sociedad,

ni secuestros,
ni crímenes.

El amor es la síntesis de la ley;
no sólo la síntesis: es lo que le da un sentido cristiano
a todas las relaciones humanas.
Por eso, aun aquellos que se llaman ateos,
    pero cuando son humanos,
están cumpliendo con la esencia de la relación
que Dios quiere entre los hombres:
    el amor.

El amor plenifica todos los deberes humanos,
    y sin amor la justicia no es más que espada.
Pero con amor la justicia misma
    se torna en abrazo de hermano.
Sin amor las leyes son difíciles, represivas, crueles, policiales.
Pero cuando hay amor
    saldrían sobrando los cuerpos de seguridad,
    no existirían las torturas ni las cárceles,
    no habría ánimo para golpear.

10 DE SEPTIEMBRE DE 1978

¿Cuál es el pensamiento de Dios?
Está por encima de nuestros pensamientos,
y—bendito sea Dios—
que Dios no se identifica con el pensamiento de los hombres.
Muchos sí quisieran, como dice aquella canción,
    un Dios de bolsillo,
    un Dios que se acomode a mis ídolos,
    un Dios que se contente como yo pago a mis jornaleros,
    un Dios que apruebe mis atropellos.
¿Cómo podrán rezar ciertas gentes a ese Dios
    el Padre Nuestro

si más bien lo tratan
como uno de sus mozos y de sus trabajadores?

24 DE SEPTIEMBRE DE 1978

Dios es bondadoso.
Nadie puede juzgar sus iniciativas.
Apelar a su misericordia,
pedir, como el buen ladrón, siquiera un recuerdo de Dios,
y Dios me dará más que un recuerdo.
Estoy tratando de presentarles el Dios de la Biblia,
   el Dios de las lecturas de hoy[12].
Así es nuestro Dios
—¡bendito sea él!—
que nos ha dado a conocer cómo llama a todas horas
   y a todas horas está dispuesto a recibirnos,
no importa los crímenes que hayamos cometido.
Por eso, hermanos, vuelvo a repetir
lo que aquí he dicho tantas veces,
dirigiéndome a través de la radio
   a aquellos que tal vez son los causantes
      de tantas injusticias y violencias,
   a aquellos que han hecho llorar a tantos hogares,
   a aquellos que se mancharon de sangre
      con tantos asesinatos,
   a aquellos que tienen sus manos manchadas de torturas,
   a aquellos que han encallecido su conciencia,
que no les duele ver bajo sus botas a un hombre humillado,
   sufriendo,
      tal vez ya para morir.
A todos ellos les digo:
   No importan tus crímenes.
   Son feos, horribles;

has atropellado lo más digno del hombre;
pero Dios te llama y te perdona.
Y aquí tal vez viene la repugnancia de aquellos
    que se sienten trabajadores de la primera hora:
¿Cómo voy a estar en el cielo con esos criminales?
Hermanos, en el cielo no hay criminales.
El más grande criminal que se arrepintió de sus pecados
    es hijo de Dios ya.

2 4   D E   S E P T I E M B R E   D E   1 9 7 8

Las cadenas mismas de la cárcel le alegran,
porque aquí—dice [San Pablo]—
estoy dando a conocer a Cristo a todos los pretorianos[13],
como quien dice:
"Aquí en el cuartel de la Guardia,
    encadenado,
    estoy dando a conocer a este Cristo, en quien creo,
a aquel que quiere escucharlo".
Muchos pretorianos se convirtieron,
    porque a todos llama Dios.
También al que tortura lo está llamando Dios.

2 4   D E   S E P T I E M B R E   D E   1 9 7 8

Hay crisis en el corazón de cada cristiano;
y yo les digo, queridos hermanos,
si en este momento un cristiano en El Salvador
    no siente esta crisis,
no ha reflexionado lo que significa el mensaje de Dios
    y la siembra de Dios en el mundo.

Muchos ya han superado la crisis
    y se han comprometido con el Reino de Dios.

Muchos la han superado en sentido contrario;
   se han instalado en sus comodidades,
   y más fácil es decir:
"La Iglesia es comunista. ¿Quién la va a seguir?"
Pero algunos sí están en crisis;
   no saben qué hacer.
La culpa no es de Dios ni de la Iglesia.
La culpa es de la libertad de cada uno
que tiene que resolver en su propia conciencia con quién está.
Y Dios nuestro Señor le está ofreciendo
los frutos maravillosos,
si se deja sembrar esta cepa
   que producirá maravillas de racimos:
los frutos de la vida eterna.
Éste es el plan de Dios.
Por eso la Iglesia es la viña
   donde el Reino de Dios siempre estará en crisis.
Dichosos los que sienten y viven la crisis
y la resuelven por un compromiso con nuestro Señor.

Me alegra mucho que precisamente en esta hora de crisis,
muchos que estaban dormidos han despertado
   y por lo menos se preguntan
   dónde está la verdad.
Búsquenla.
San Pablo nos da el camino
   con la oración,
   con la reflexión,
apreciando lo bueno.
Son criterios maravillosos.
Donde está "lo noble,
   lo bueno,
   lo justo",
por allí va Dios[14].

Si además de esos bienes naturales
está la gracia,
   la santidad,
   los sacramentos,
   la alegría de la conciencia divinizada por Dios,
por allí va Dios.

8 DE OCTUBRE DE 1978

CAPÍTULO 5

Evangelizador del pueblo

Alguien me halagó mucho, una comparación, cuando me dijo
que "su homilía en los domingos es como una cátedra de universidad". Nunca he pretendido tanta cosa, sino ser un humilde ca-
tequista, un evangelizador del pueblo, nada más.

Pero ciertamente que vale mucho más que todas las cátedras
de las ciencias de los hombres, la humilde cátedra de evangelización, que señala a los hombres el verdadero sentido de la vida,
sus verdaderas relaciones con Dios, sus responsabilidades en la
sociedad; y esto es lo que hemos tratado de hacer.

15 DE OCTUBRE DE 1978

"Aquí en este monte arrancaré el velo
   que cubre todos los pueblos,
   el paño que tapa a todas las naciones.
Aquí el Señor aniquilará la muerte para siempre.
Aquí Dios enjugará las lágrimas de todos los rostros,
   y el oprobio de su pueblo se alejará de todo el país"[1].
¿No es para cantar un canto de esperanza
y llenarse de optimismo,
saber que este cristianismo
   que nos vino con Cristo a través de la Virgen María,
   y, encarnándose en todos los hombres que tienen fe,
es una presencia de un Dios que nos está prometiendo?

¡No, hermanos:
El Salvador no tiene que vivir siempre así!
"Arrancaré así ese velo" de ignominia
que lo está cubriendo en todos sus pueblos.
"Enjugaré las lágrimas" de tantas madres
que ya no tienen ni lágrimas
de tanto llorar
porque sus hijos no aparecen.
Aquí también se arrancará el dolor de tantos hogares
que sufren en este domingo
el misterio del secuestro de seres queridos
o el asesinato
o la tortura
o el tormento.
Eso no es de Dios.
El festín de Dios vendrá;
esperen la hora del Señor.
Tengamos fe;
todo esto pasará
como una pesadilla de la patria,
y despertaremos al gran festín del Señor.
Llenémonos de esta esperanza.

1 5   D E   O C T U B R E   D E   1 9 7 8

Nuestra religión es vida,
y esto es lo más hermoso
que yo quisiera recordarles.
Y quiero recordárselo con agradecimiento a Dios,
porque el haber predicado esta religión como vida
es lo que ha dado a muchos que habían muerto en la fe
la resurrección y la vida.
Vale la pena creer,

vale la pena llegar a misa un domingo
　y alimentarse allí de palabras de vida,
no porque las diga fulano o sutano,
sino porque son de Cristo,
el vivo por excelencia.
Y entonces, ánimo, queridos hermanos.
Yo sé que para muchos ha llegado la hora de la prueba
y están cobardes, huyendo:
catequistas, celebradores de la palabra,
gente que compartía con nosotros
　las alegrías de nuestras reuniones,
los han asustado.
Gente… que la creíamos muy fuerte,
　está con miedo,
pero es porque se han olvidado
　que es una religión de vida
y que, como vida, tenía que chocar
　también con la vida que no es la vida de Dios,
pero que vive como reino de las tinieblas
　y del pecado en el mundo.

29 DE OCTUBRE DE 1978

Una comunidad cristiana se evangeliza para evangelizar.
Una luz se enciende para alumbrar.
No se enciende una candela y se mete debajo de un canasto,
　decía Cristo;
se enciende y se pone en alto
　para que ilumine.
Esto es una comunidad verdadera.
Una comunidad es un grupo de hombres y mujeres
　que han encontrado en Cristo y en su evangelio la verdad
　y la siguen,

y se unen para seguirla más fuertemente.
No es simplemente una conversión individual;
    es conversión comunitaria,
    es familia que cree,
    es grupo que acepta a Dios.
Y, como grupo, cada uno siente allí que el hermano lo fortifica
    y que en los momentos de debilidad se ayudan mutuamente
    y, amándose y creyendo,
        dan luz,
        son ejemplo,
de tal manera que el predicador ya no necesita predicar
cuando hay cristianos que han hecho de su propia vida
    una predicación.

Les decía un día, y hoy se lo vuelvo a repetir:
    Si por desgracia un día callara nuestra emisora,
        no nos dejaran escribir ya nuestro periódico,
    hermanos, cada uno de ustedes que creen
    tiene que convertirse en un micrófono,
        en una emisora,
        en un altoparlante,
    no hablando sino pidiendo la fe.

Y por eso no me da miedo a mí
    que nuestra fe esté pendiente
    únicamente de la predicación del arzobispo.
No me creo tan importante.
Lo que creo es que esta palabra,
que no es más que un humilde eco de la palabra de Dios,
sí entra en el corazón de ustedes,
    no por ser mía,
    sino por venir de Dios.

2 9 DE OCTUBRE DE 1 9 7 8

Le doy gracias a Dios
porque están recibiendo mi palabra como es de verdad,
   palabra de Dios;
porque muchos la reciben como palabra de hombre,
   como palabra de enemigo,
   como palabra de subversivo,
   como palabra de hombre que solamente quiere el mal.
Ése es el triste destino del que predica la palabra de Dios:
   ser, como Cristo, signo de contradicción.

Pero bendito sea Dios
que eso mismo está diciendo que el vehículo,
   aunque sea tosco e inútil,
   es vehículo nada más.
Lo que interesa es lo que va en el vehículo:
   la palabra de Dios,
   que es acogida en los corazones
   y convierte operante la santidad y la vida.
Y por eso hay mucha santidad en nuestras comunidades.

Yo le doy gracias a Dios y los invito a todos
para que nos acerquemos a la eucaristía,
que significa darle gracias a Dios,
porque allí está la fuente:
   Cristo,
que es la Palabra hecha carne,
   alimento,
   sacramento,
   vida.
Cristo es el que ahora nos alimenta,
y, desde la eucaristía de nuestro domingo,
la palabra que se predica
se convierte en una Iglesia de pecadores,
también en una Iglesia de santidad.

5 DE NOVIEMBRE DE 1978

Los dos niegan a Dios[2]

"La palabra ateísmo designa realidades muy diversas". Ésta es una frase del Concilio Vaticano II, el cual pasa a descubrir una larga serie de actitudes espirituales frente al fenómeno religioso: "Unos niegan a Dios expresamente, otros afirman que nada puede decirse acerca de Dios...", y continuando por "ateísmos" seudocientíficos o de carácter sociológico, llega a describir la actitud prácticamente atea de "quienes exaltan tanto al hombre, que dejan sin contenido la fe en Dios, ya que les interesa más, a lo que parece, la afirmación del hombre que la negación de Dios"[3]. A esta clase de ateísmo lógicamente corresponde un rechazo sistemático de los valores trascendentales que alimentan la esperanza de los cristianos. Este rechazo lo describe así el Concilio:

> "Pretende este ateísmo que la religión, por su propia naturaleza, es un obstáculo para la liberación económica y social del hombre, porque, al orientar el espíritu humano hacia una vida futura ilusoria, apartaría al hombre del esfuerzo por levantar la ciudad temporal. Por eso, cuando los defensores de esta doctrina logran alcanzar el dominio político del Estado, atacan violentamente a la religión, difundiendo el ateísmo, sobre todo en materia educativa, con el uso de los medios de presión que tiene a su alcance el poder público"[4].

Esto lo sabe de sobra la Iglesia por ciencia y experiencia. Por eso es ridículo que se diga que la Iglesia se ha hecho marxista. Si el materialismo marxista mata el sentido trascendente de la Iglesia, una Iglesia marxista sería no sólo suicida, sino estúpida.

Pero hay un "ateísmo" más cercano y más peligroso para nuestra Iglesia: el ateísmo del capitalismo, cuando los bienes materiales se erigen en ídolo y sustituyen a Dios. El mismo Concilio es el que lo señala:

"El ateísmo nace a veces... como adjudicación indebida del carácter absoluto a ciertos bienes humanos que son considerados prácticamente como sucedáneos de Dios. La misma civilización actual, no en sí misma, pero sí por su sobrecarga de apego a la tierra, puede dificultar en grado notable el acceso del hombre a Dios"[5].

Aquí, en un capitalismo idólatra del dinero y de los "bienes humanos", está para nosotros un peligro tan grave como el otro, y quizá más que el otro, al que se le echa la culpa de todos los males. ¿Qué es más grave: negar a Dios por una falsa idea de la liberación del hombre, o negarlo por un egoísmo llevado hasta la idolatría? ¿Quién resulta más hipócrita: el que cree en este mundo hasta la negación abierta de lo trascendente, o el que usa lo trascendente y lo religioso como instrumento y justificación de su idolatría de la tierra?

Los dos son ateísmos. Ninguno es la verdad que tan bellamente enseña la Iglesia del evangelio: "La razón más alta de la dignidad humana consiste en la vocación del hombre a la unión con Dios"[6].

1 5 DE NOVIEMBRE DE 1 9 7 8

Todo hombre que lucha por la justicia,
todo hombre que busca reivindicaciones justas
   en un ambiente injusto,
está trabajando por el Reino de Dios,
y puede ser que no sea cristiano.

La Iglesia no abarca todo el Reino de Dios.
El Reino de Dios está más afuera de las fronteras de la Iglesia,
y, por lo tanto, la Iglesia aprecia todo aquello que sintoniza
   con su lucha por implantar el Reino de Dios.
Una Iglesia que trata solamente de conservarse
   pura, incontaminada,

eso no sería Iglesia de servicio de Dios a los hombres.
La Iglesia auténtica es aquella que no le importa
dialogar hasta con las prostitutas y los publicanos
—como Cristo—
   con los pecadores,
   con los marxistas, con los del Bloque[7],
   con los de las diversas agrupaciones,
con tal de llevarles el verdadero mensaje de salvación.

3 DE DICIEMBRE DE 1978

Se quiere conservar un evangelio tan desencarnado
   que, por lo tanto, no se mezcla en nada
   con el mundo que tiene que salvar.
Cristo ya está en la historia.
Cristo ya está en la entraña del pueblo.
Cristo ya está operando los cielos nuevos
   y la tierra nueva.

3 DE DICIEMBRE DE 1978

Cristo se hizo hombre de su pueblo y de su tiempo:
   Vivió como un judío,
   trabajó como un obrero de Nazaret;
y desde entonces sigue encarnándose
   en todos los hombres.
Si muchos se han alejado de la Iglesia,
es precisamente porque la Iglesia se ha alienado
   un poco de la humanidad.
Pero una Iglesia que sepa sentir como suyo todo lo humano
   y quiera encarnar el dolor,
   la esperanza,
   la angustia de todos los que sufren y gozan,

esa Iglesia será Cristo amado y esperado,
   Cristo presente.
Y eso depende de nosotros.

3 DE DICIEMBRE DE 1978

Cuando hablamos de la Iglesia de los pobres,
no estamos haciendo una dialéctica marxista,
   como si la otra fuera la Iglesia de los ricos.
Lo que estamos diciendo es que Cristo,
inspirado por el Espíritu de Dios, dijo:
"Me ha enviado el Señor a evangelizar a los pobres"[8]
   —palabras de la Biblia—
para decir que para escucharlo es necesario hacerse pobre.

3 DE DICIEMBRE DE 1978

El cristiano sabe que Cristo ya hace veinte siglos
   que está trabajando en la humanidad,
y que la humanidad que se convierte a Cristo
   es el hombre nuevo que necesita la sociedad
para organizar un mundo
   según el corazón de Dios.

3 DE DICIEMBRE DE 1978

El adviento debía de llamarnos la atención
para descubrir en cada hermano que saludamos,
   en cada amigo al que le damos la mano,
   en cada mendigo que me pide pan,
   en cada obrero que quiere usar el derecho de organización
     en un sindicato,
   en cada campesino que va buscando trabajo
     en los cafetales,

el rostro de Cristo.
No sería capaz de robarle,
   de engañarle,
   de negarle sus derechos.
Es Cristo,
y todo lo que haga con él
Cristo lo tomará como hecho a él.
Éste es el adviento:
   Cristo que vive entre nosotros.

3 DE DICIEMBRE DE 1978

Ésta es el hambre de Dios:
el hombre que siente el vacío,
que se contrapone al hombre autosuficiente.
Y, en este sentido, rico quiere decir el hombre orgulloso.
Rico quiere decir aun el pobre que no tiene bienes
   pero que se cree que no necesita de nadie,
      ni de Dios.
¡Ésta es la riqueza abominable a los ojos de Dios,
   la que dice la Virgen humilde pero enérgica:
"Despidió vacíos a los ricos",
   a esos que creen que lo tienen todo,
"y en cambio llenó de bienes a los hambrientos"[9],
   a los que necesitan de Dios.

3 DE DICIEMBRE DE 1978

El adviento no son sólo las cuatro semanas
   preparatorias de Navidad,
sino que adviento es la vida de la Iglesia.
Adviento es la presencia de Cristo
   valiéndose de sus predicadores,
   de sus sacerdotes,

de sus catequistas,
de sus colegios católicos,
de toda la obra
que quiere realizar el verdadero Reino de Dios,
para decirles a los hombres que la profecía de Isaías
	ya se cumplió:
Emmanuel, Dios con nosotros.

3 DE DICIEMBRE DE 1978

Dios viene, y sus caminos son bien cercanos a nosotros.
Dios salva en la historia.
En la vida de cada hombre, que es su propia historia,
	allí sale Dios al encuentro.
Qué satisfacción saber
	que no hay que irlo a buscar al desierto,
	no hay que irlo a buscar a tal o cual punto del mundo.
Dios está en tu propio corazón[10].

10 DE DICIEMBRE DE 1978

¡Quién pusiera elocuencia de profeta a mis palabras
para sacudir la inercia de todos aquellos
que están como de rodillas ante los bienes de la tierra,
aquellos que quisieran
	que el oro, el dinero, las fincas, el poder, la política,
	fueran sus dioses inacabables!
Todo eso se va a terminar.
Sólo quedará la satisfacción de haber sido un hombre,
	en la política o en el dinero,
	fiel a la voluntad de Dios.
Hay que saber manejar,
	según su voluntad,

lo relativo y transitorio de las cosas de la tierra,
no absolutizarlas.
Sólo hay un absoluto:
el que nos está esperando en los cielos que no pasarán
y en la tierra que no pasará.

1 0 DE DICIEMBRE DE 1 9 7 8

Conservemos la Navidad[11]

Acerca de la celebración de la Navidad, muchos cristianos están
haciendo hoy precisamente lo contrario de lo que hicieron los
cristianos de ayer. El cristianismo antiguo logró, con la celebración de Navidad, cristianizar la fiesta pagana del sol. En cambio,
el neopaganismo de los cristianos de hoy está logrando
paganizar la Navidad cristiana.

Jesús no nació precisamente el 25 de diciembre. La liturgia
cristiana señaló esa fecha para darle un sentido cristiano a la
fiesta romana del "sol invicto"; los paganos de aquel imperio ce-
lebraban como el nacimiento del sol en la noche más larga del
año. Aquella medianoche era considerada como el punto de par-
tida de la marcha del sol que comenzaba a dominar las tinieblas.
Resultó fácil a los cristianos cambiar el sol por Jesucristo y hacer
coincidir litúrgicamente el nacimiento de Cristo, Sol de justicia,
con la celebración pagana del nacimiento del sol.

Los siglos siguientes han comprobado el acierto genial de la
Iglesia, pues poco a poco el sentido de la Navidad cristiana fue
echando al olvido la alegre celebración pagana e impregnando
al mundo entero con la alegría del nacimiento del Redentor.
Hoy hasta los incrédulos sienten que algo divino se insertó en la
historia durante esa noche incomparable. Todos los hombres
sentimos que el niño que nace en esa noche es un niño de la familia, y que la claridad de la gloria de Dios que cantan los ángeles hace de esa noche el día más bello, en que Dios mismo nos

ofrece su paz y nos invita a ser hombres de buena voluntad.

Lástima que toda esa inspiración cristiana con que nuestra liturgia bautizó una festividad pagana haya sido traicionada por muchos cristianos que hoy entregan al paganismo aquella victoria espiritual. Porque no es otra cosa que una cobarde capitulación de los cristianos, el hacer prevalecer sobre el sentido evangélico de la Navidad los valores del comercio y de las alegrías mundanas.

Un retorno a la espiritualidad de la auténtica Navidad cristiana es un noble gesto de solidaridad con las conquistas espirituales del cristianismo en el mundo. Una celebración del nacimiento de Cristo con sentido de adoración, amor y gratitud para con aquel Dios que nos amó hasta la locura de darnos su propio Hijo, es disponer la vida para que la ilumine, como un sol, la paz que sólo Dios puede dar.

15 DE DICIEMBRE DE 1978

Yo les invito a que en esta semana,
 en estas horas en que El Salvador parece
 que no tiene lugar para la alegría,
escuchen a San Pablo como nos repite:
 "Hermanos, estén siempre alegres.
 Sean constantes en el orar.
 En toda ocasión tengan acción de gracias.
 Ésta es la voluntad de Dios en Cristo Jesús
  respecto de ustedes"[12].
El cristiano, la comunidad cristiana,
 no debe estar desesperada.
Si se muere alguien en la familia,
 no debemos llorar como hombres sin esperanza.
Si en la historia de nuestra patria
 se han entenebrecido los cielos,
  no desesperemos.

Somos una comunidad de esperanza,
y, como los israelitas en Babilonia,
   esperemos la hora de la liberación.
Llegará.
   Llegará porque Dios es fiel, dice San Pablo.
Y esta alegría tiene que ser como una oración.
"El que les ha llamado es fiel"[13].
   y cumplirá sus promesas.

17 DE DICIEMBRE DE 1978

Yo sé que el Espíritu de Dios, que hizo el cuerpo de Cristo en las entrañas de María y sigue haciendo la Iglesia en la historia aquí en la arquidiócesis, es un Espíritu que está—como dice el Génesis—aleteando sobre una nueva creación.

Yo siento algo nuevo en la arquidiócesis.

Soy hombre frágil, limitado, y no sé qué es lo que está pasando, pero sí sé que Dios lo sabe.

Y mi papel como pastor es esto que me dice hoy San Pablo: "No extingáis el Espíritu"[14].

Si con un sentido de autoritarismo yo le digo a un sacerdote: "¡No haga eso!", o a una comunidad: "¡No vaya por allí!", y me quiero constituir como que yo fuera el Espíritu Santo y voy a hacer una Iglesia a mi gusto, estaría extinguiendo el Espíritu. Pero sí, también me dice San Pablo: "Probadlo todo, examinándolo y quedándoos con lo bueno"[15].

Esto le pido mucho al Espíritu Santo: lo que se llama el don del discernimiento.

17 DE DICIEMBRE DE 1978

Si Cristo hubiera realizado su encarnación hoy,
y hoy, en 1978, fuera un hombre de treinta años,
   estuviera aquí en Catedral

y no lo distinguiéramos entre todos ustedes.
Un hombre de treinta años, un campesino de Nazaret,
    aquí en Catedral como cualquier campesino
      de nuestros cantones,
estuviera el Hijo de Dios hecho carne
    y no lo conociéramos:
¡Todo semejante a nosotros!

17 DE DICIEMBRE DE 1978

¡Qué vergüenza cuando uno piensa que tal vez hay paganos,
    gente que no tiene fe en Cristo
pero que tal vez son más buenos que nosotros
    y están más cerca del Reino de Dios!
¿Se acuerdan cuando Cristo recibió la visita
    de un pagano centurión,
y cuando Cristo le dijo: "Voy a ir a curar a tu siervo"?
El centurión, lleno de humildad y de confianza,
    le dice: "No, Señor, no soy digno de que vayas allá.
Di una sola palabra
    y mi siervo quedará sano".
Cristo se admira—dice el evangelio—y dice:
    "En verdad no he encontrado tanta fe en Israel"[16].
Yo digo,
Cristo dirá también de esta Iglesia:
fuera de los límites del catolicismo tal vez hay más fe,
    más santidad.
Por eso no tenemos que extinguir el Espíritu.
El Espíritu no es monopolio de un movimiento,
    de un movimiento cristiano,
    de una jerarquía,
    ni de un sacerdocio
    ni de una congregación religiosa.

El Espíritu es libre,
y busca que los hombres,
dondequiera que se encuentren,
realicen su vocación de encontrarse con Cristo,
  el que se hizo carne para salvar toda carne humana.
Eso sí, queridos hermanos,
y yo sé que a la catedral llega también gente
  que hasta ha perdido la fe o no es cristiana.
Sean bienvenidos.
Y si esta palabra les está diciendo algo,
yo los invito a reflexionar en la intimidad de sus conciencias,
porque, como Cristo, les puedo decir:
El Reino de Dios no está lejos de ti,
el Reino de Dios está dentro de tu corazón.
Búscalo, y lo encontrarás.

17 DE DICIEMBRE DE 1978

Dice una frase bíblica muy significativa:
  "El Espíritu hace nuevas todas las cosas"[17].
Nosotros somos los que envejecemos,
  y queremos que todos se hagan
  según nuestro patrón de viejos.
El Espíritu nunca es viejo;
el Espíritu siempre es joven.

17 DE DICIEMBRE DE 1978

Dios sigue salvando en la historia.
Por eso, al volver a este episodio
  del nacimiento de Cristo en Belén,
no venimos a recordar el nacimiento de Cristo
  hace veinte siglos,

sino a vivir ese nacimiento, pero en el siglo veinte, en 1978,
en nuestra Navidad aquí en El Salvador.
Por eso es necesario
que a la luz de estas lecturas bíblicas
prolonguemos toda la historia
del pensamiento eterno de Dios
hasta los hechos concretos de nuestros secuestrados,
de nuestros torturados,
de nuestra propia triste historia.
Es allí donde tenemos que encontrar a nuestro Dios.

24 DE DICIEMBRE DE 1978

Ésta es la alegría del cristiano:
Sé que en Dios soy un pensamiento,
yo, por más insignificante que sea,
el más abandonado de los seres,
en que nadie piensa.
Hoy cuando se piensa en hacer regalos de Navidad,
¡cuántos marginados en quien nadie piensa!
Piensen ustedes los marginados,
ustedes los que se sienten que no son nada en la historia:
"Sé que en Dios soy un pensamiento".

Ojalá mi voz llegara a los encarcelados
como un rayito de luz, de esperanza de Navidad,
para decirles también a ustedes los enfermos,
a ustedes los ancianitos del Asilo Sara,
a ustedes los enfermos del hospital y de los hospitales,
a ustedes los de las champas y de las barrancas,
a ustedes los cortadores de café, que están tratando
de recoger su único ingreso para todo el año,
a ustedes los torturados,
que en todos ustedes ha pensado el consejo eterno de Dios.

Los ama;
y, como María,
    encarna ese pensamiento en sus entrañas.

2 4 DE DICIEMBRE DE 1 9 7 8

El Concilio dice entonces, el misterio del hombre ya no se puede explicar más que en el misterio del Dios que se hizo hombre[18].

Si un hombre quiere ver su propio misterio—el sentido de su dolor, de su trabajo, de su angustia, de su esperanza—póngase junto a Cristo. Si realiza lo que Cristo realizó—hacer la voluntad del Padre, llenarse de la vida que Cristo da al mundo—ese hombre está realizándose como verdadero hombre.

Si, al compararme con Cristo, encuentro frente a él que mi vida es una antítesis, un revés, mi vida es un desastre.

Ese misterio no lo puedo explicar más que volviéndome a Cristo, el cual le da la fisonomía verdadera al hombre que quiere ser hombre auténtico.

2 4 DE DICIEMBRE DE 1 9 7 8

Nadie podrá celebrar la Navidad auténtica
    si no es pobre de verdad.
Los autosuficientes,
los orgullosos,
los que desprecian a los demás porque todo lo tienen,
los que no necesitan ni de Dios,
    para ésos no habrá Navidad.
Sólo los pobres,
los hambrientos,
los que tienen necesidad de que alguien venga por ellos,
    tendrán a ese alguien,
    y ese alguien es Dios,

Emanuel,
Dios-con-nosotros.
Sin pobreza de espíritu
  no puede haber llenura de Dios.

24 DE DICIEMBRE DE 1978

Cuando los pobres no tienen dónde reposar sus cuerpos,
  y sus niños, huyendo del frío,
  no encontrarán más que hamacas improvisadas
    entre sembrados, cafetales, etcétera,
nosotros hemos de pensar que la buena nueva del Salvador
  es para todos.
La felicidad del Señor, que nos ha creado
  para realizar su salvación, es para todos.

24 DE DICIEMBRE DE 1978

María no es un ídolo.
El único Salvador es Dios, Jesucristo,
pero María es el instrumento humano,
  la hija de Adán,
  la hija de Israel,
  encarnación de un pueblo,
  hermana de nuestra raza,
pero que por su santidad fue capaz de encarnar
  en la historia la vida divina de Dios.
Entonces, el verdadero homenaje
que un cristiano puede tributar a la Virgen
  es hacer, como ella,
el esfuerzo de encarnar la vida de Dios
  en las vicisitudes de nuestra historia transitoria.

24 DE DICIEMBRE DE 1978

Entre los pobres
    quiso poner Cristo su cátedra de redención,
no porque sea malo el dinero,
sino porque el dinero muchas veces convierte en esclavos
    a los hombres que idolatran las cosas de la tierra
y se olvidan de Dios.

25 DE DICIEMBRE DE 1978

Junto con ustedes, pues, queridos hermanos, yo necesito también recoger esta noche la buena noticia. Tengo que anunciarla
como pastor; pero como pastor también ser uno de aquellos
pastorcitos y recoger de los ángeles—ojalá con la misma sencillez y humildad de aquellos pastores, ustedes y yo—la noticia
que conmueve los corazones. Cuanto más sencillos y humildes,
cuanto más pobres y despojados de sí, cuanto más llenos de angustias y de problemas, cuanto más insolubles parecen los caminos de la vida, mirar hacia las alturas y oír la gran noticia: "¡Os
ha nacido un Salvador!", y oír que haciéndole coro a esa gran
noticia se canta por todo el universo: "Gloria a Dios en los cielos, y en la tierra paz a los hombres que Dios ama"[19].

25 DE DICIEMBRE DE 1978

Desde la Iglesia yo veo también las grandes deficiencias
    de nuestro cristianismo
que nos ha definido hoy Medellín:
    supersticiones,
    tradicionalismos,
    escándalos de la verdad que la Iglesia predica.
Y cuando se tiene dinero,
hasta se publican esos escándalos
    como si se tratara de defender verdaderos valores.

No se dan cuenta que están defendiendo lo indefendible:
la mentira, la falsedad, un tradicionalismo sin vida
y, mucho peor, unos intereses económicos
a los cuales lamentablemente la Iglesia sirvió,
    pero que fue pecado de la Iglesia,
engañando y no diciendo la verdad
    cuando había que decirla[20].

3 1 DE DICIEMBRE DE 1 9 7 8

Hay familias donde no se forma la fe
porque se están dando unas tradiciones
    envenenadas de intereses económicos, políticos,
    revueltos con cosas de fe.
Se quiere una religión que ampare
    únicamente esos intereses;
y cuando la Iglesia reclama
    los egoísmos, los pecados
    y los abusos de esas categorías,
entonces se piensa que la Iglesia se aparta de la verdad,
y estos "cristianos" se van con todo y sus hijos
    a seguir viviendo unas tradiciones
    que no son las verdaderas cristianas.

3 1 DE DICIEMBRE DE 1 9 7 8

Simeón… dirigiéndose a José y a María les dice:
"Éste es señal de contradicción"[21].
Los buenos o los malos que se arrepientan en él,
    el perdón, la misericordia, lo recibirán.
Pero será también perdición de muchos,
    porque la pecaminosidad,
    el egoísmo,

el orgullo de muchos,
    lo rechazará.
¡Cristo es piedra de escándalo!
Por eso a mí me hacen un inmenso honor
    cuando me rechazan,
porque me parezco un poquito a Jesucristo
    que también fue piedra de escándalo.
Ya Simeón profetizó que la Iglesia, seguidora de Cristo,
    tendría que ser como él.

31 DE DICIEMBRE DE 1978

Me avisaron esta semana
que yo también anduviera con cuidado,
que se estaba tramando algo contra mi vida.
    Yo confío en el Señor
    y sé que los caminos de la Providencia
    amparan a quien trata de servirle.

7 DE ENERO DE 1979

Qué hermoso es recordar, hermanos, que la línea pastoral y
evangélica del Concilio Vaticano II, que hace diez años se hizo
línea también de la pastoral de América Latina, proclamó una
salvación integral, y que ahora sigue cuestionándonos cuando
ya está amaneciendo un nuevo Medellín en Puebla[22]. Esa línea
proclama que la liberación que Cristo ha traído es del hombre
integral, es todo el hombre el que urge salvar, alma y cuerpo,
individuo y sociedad, es el Reino de Dios que hay que estable-
cer ya en esta tierra.

Es ese Reino de Dios que se siente estorbado, maniatado por
tantos abusos de la idolatría del dinero y del poder; y que es necesario derrocar esos falsos ídolos como cuando los primeros
evangelizadores de América derrocaron falsos dioses que adora-

BUSINESS REPLY MAIL

FIRST-CLASS MAIL   PERMIT NO. 332   CONGERS, NY

POSTAGE WILL BE PAID BY ADDRESSEE

PLOUGH QUARTERLY
PO BOX 345
CONGERS NY 10920-9895

ban nuestros indígenas. Hoy son otros ídolos: se llaman dinero, se llaman intereses políticos, se llama seguridad nacional, idolatrías que están queriéndole quitar el altar a Dios. La Iglesia proclama que solamente podrá ser feliz el hombre cuando adore, como los magos, al único Dios verdadero.

7 DE ENERO DE 1979

Esos magos, trayendo en el símbolo del incienso,
   del oro y de la mirra,
   los dones
—y junto con los dones
   el dolor, las angustias,
   las preocupaciones concretas de sus pueblos
   para pedir la salvación al único que la puede dar—,
se reflejan también en nuestra historia.
Si cada domingo,
cuando yo relato los hechos concretos de la semana,
no soy más que un pobre adorador del Señor, diciéndole:
Señor, te traigo lo que el pueblo produce,
lo que estas relaciones de los hombres salvadoreños,
   ricos y pobres,
   gobernantes y gobernados —
es lo que [el pueblo] está dando.
Y esto es lo que le traemos al Señor.

7 DE ENERO DE 1979

Mi posición de pastor me obliga a ser solidario
   con todo el que sufre
y a acuerpar todo esfuerzo por la libertad
   y la dignidad de los hombres.

7 DE ENERO DE 1979

Cristo les dice que su Reino no es de este mundo.

Y esto no quiere decir—explicaba el Papa Pío XI, cuando proclamó la fiesta de Cristo Rey—que Cristo está marginado del poder y de las riquezas de la tierra.

Lo que está diciendo es que él juzgará, desde otra dimensión religiosa, las conciencias de los políticos y de los ricos, y de los pobres también, desde unas perspectivas escatológicas, de Reino de los Cielos, de trascendencia.

Pero todo este poder—Cristo lo ha dicho—será juzgado por él, porque él es Mesías y Rey Universal de las naciones.

14 DE ENERO DE 1979

CAPÍTULO 6

La justicia de Dios

Los pueblos son libres
    para darse el régimen que ellos quieran,
    pero no son libres
    para hacer sus caprichos.
Tendrán que ser juzgados, en el sistema político o social
    que ellos escojan, por la justicia de Dios,
y Dios es el juez de todos los sistemas sociales.

El evangelio, como la Iglesia, no puede ser acaparado
    por ningún movimiento social ni político.

14 DE ENERO DE 1979

La figura de este mundo pasa
y sólo queda la alegría de haber usado este mundo
    para haber implantado allí el Reino de Dios.
Pasarán por la figura del mundo
    todos los boatos,
    todos los triunfos,
    todos los capitalismos egoístas,
    todos los falsos éxitos de la vida.
Todo eso pasa.
Lo que no pasa es el amor,
el haber convertido en servicio de los demás

el dinero, los haberes, el servicio de la profesión,
el haber tenido la dicha de compartir
    y de sentir hermanos a todos los hombres.
En la tarde de tu vida te juzgarán por el amor[1].

21 DE ENERO DE 1979

Quiero ratificar que mis predicaciones no son políticas.
Son predicaciones que naturalmente tocan la política,
tocan la realidad del pueblo,
pero para iluminarlas
y decirles qué es lo que Dios quiere
y qué es lo que Dios no quiere.

21 DE ENERO DE 1979

No se puede servir a dos señores.
Sólo hay un Dios;
y ese Dios o será el verdadero,
    que nos pide la renuncia de las cosas
    cuando se convierten en pecado,
o es el dios dinero,
    que nos obliga también
    a estar de espaldas al Dios de cristianismo.

21 DE ENERO DE 1979

La campaña de psicosis entre las comunidades cristianas
    ¿no es persecución?
¿No es también persecución
    el atropello de los derechos humanos y del pueblo?
Porque la Iglesia siente que ése es su ministerio:
    defender la imagen de Dios en el hombre.

21 DE ENERO DE 1979

Perfectamente se puede ser nuncio, se puede ser capellán castrense, con tal de estar convertidos al evangelio. Si se realizan esos cargos con verdadero sentido de una Iglesia que quiere ser ante todo fiel al evangelio más que a las ventajas de la tierra, más que a las carreras diplomáticas, más que a las ventajas de orden militar, pues, perfectamente puede y debe de haber quienes la representen en medio del mundo, en ese mundo de la diplomacia y del mundo militar, pero que sean verdaderamente voces del evangelio, voces de la Iglesia. Allí estaría siempre el problema, la conversión al evangelio[2].

9 DE FEBRERO DE 1979

Cuando hemos predicado a pobres y ricos, no es porque alcahueteemos los pecados de los pobres y no tengamos en cuenta las virtudes de los ricos. Unos y otros tienen pecados, unos y otros necesitan conversión. Pero el pobre, en su situación de indigencia, es más propenso a la conversión, siente más la necesidad de Dios. Y por eso, todos, si de veras queremos aprender el sentido de conversión y de fe, de confianza en el otro, es necesario hacerse pobre o, por lo menos, tomar como causa íntima nuestra la causa de los pobres.

Es entonces cuando el hombre comienza a sentir la fe y la conversión, cuando tiene alma de pobre, cuando sabe que de nada sirven los capitales y la política y el poder. Sin Dios no somos nada, y el sentir esta necesidad de Dios es la fe y es la conversión[3].

18 DE FEBRERO DE 1979

Querer predicar sin referirse a la historia en que se predica
    no es predicar el evangelio.
Muchos quisieran una predicación tan espiritualista
    que dejara conformes a los pecadores,

que no les dijera idólatras a los que están de rodillas
  ante el dinero y ante el poder.
Una predicación que no denuncia
  las realidades pecaminosas
  en las que se hace la reflexión evangélica
  no es evangelio.

1 8 D E F E B R E R O D E 1 9 7 9

Sobran aduladores, sobran falsos profetas; sobran, en tiempos
conflictivos como los nuestros, quienes tienen su pluma pagada
y su palabra vendida. Pero no es ésa la verdad.

Me contaron que cuando sacaban mi valija de la aduana antes
de ayer, alguien dijo: "Ahí va la verdad". La frase breve me llena
de optimismo, porque en mi valija no traigo contrabando ni
traigo mentira; traigo la verdad. He ido [a Puebla] a aprender
más la verdad.

Y cuando un periodista me pregunta: "Dicen que después de
Puebla va a cambiar su predicación; ¿qué piensa usted?", le dije:
"La verdad no tiene por qué cambiar. La verdad se dice siempre,
tal vez con más finura, pero siempre contando con nuestras limitaciones. Es la palabra concreta de un hombre que tiene su
estilo y su manera de ser pero que no es más que el instrumento
de Dios en la historia concreta".

1 8 D E F E B R E R O D E 1 9 7 9

No puedo cambiar
  sino buscar más íntimamente mi adhesión al evangelio.
Y puedo perfectamente llamar a todos:
  Convirtámonos,
  para que Cristo mire nuestra fe
  y se apiade de nosotros.

1 8 D E F E B R E R O D E 1 9 7 9

Hermanos, como los profetas anunciando
a los cautivos de Babilonia
horas de alegría y de libertad,
puede parecer como una burla la palabra de la Iglesia
llamando al amor,
a la reconciliación,
al perdón,
mientras otros creen más en la violencia,
en el secuestro,
en el terrorismo.
La Iglesia no caminará nunca por esos caminos,
y todo lo que en este sentido se diga es falso.
Es calumnia que viene a ennoblecer más la aureola
de nuestra persecución en la Iglesia.

18 DE FEBRERO DE 1979

Construir la unidad, la autenticidad de la Iglesia,
verdadera novia de Cristo,
es la alegría del pastor
que quisiera para Cristo todo el amor,
todo el homenaje,
toda la solidaridad.
Y si en algo empaña mi pobre presencia humana,
como Juan Bautista les digo:
debo desaparecer para que crezca él, el novio de la Iglesia,
al que yo no tengo que hacerle ninguna rivalidad,
sino simplemente servirlo con humildad y con amor
y alegrarme de que gane el corazón de su Iglesia.

25 DE FEBRERO DE 1979

Reconozco mis limitaciones y mis miserias,
pero no puedo renunciar al papel

que Cristo me ha encomendado:
de ser el signo de la unidad,
de la doctrina,
de la verdad de la Iglesia en la arquidiócesis.

25 DE FEBRERO DE 1979

Yo no quiero ser un anti,
un contra nadie.
Simplemente quiero ser el constructor de una gran afirmación,
la afirmación de Dios,
que nos ama
y nos quiere salvar.

25 DE FEBRERO DE 1979

La Iglesia se renueva. No podemos conservar tradiciones viejas que ya no tienen razón de ser, mucho más aquellas estructuras en las cuales se ha entronizado el pecado, y desde esas estructuras se atropella, se hacen injusticias, se cometen desórdenes.

No podemos calificar de cristiana una sociedad, un gobierno, una situación, cuando en esas estructuras envejecidas e injustas nuestros hermanos sufren tanto.

25 DE FEBRERO DE 1979

Cuando hablamos de Iglesia de los pobres,
simplemente estamos diciendo a los ricos también:
Vuelvan los ojos a esta Iglesia y preocúpense
de los pobres
como de un asunto propio.
Más aún, decíamos en Puebla,
así como de un problema de Cristo,
que dirá en el final de la vida:

"Todo lo que hiciste con uno de estos pobrecitos,
conmigo lo hiciste"[4].

4 DE MARZO DE 1979

Si algo valemos,
   no es por tener más dinero
   o por tener más talento
   o por tener más cualidades humanas.
Si algo valgo,
y en la medida que valgo,
   es porque estoy inserto, metido, en la vida de Cristo,
   en su cruz, en su resurrección.
Ésta es la medida del hombre.

4 DE MARZO DE 1979

Ustedes saben que está contaminado el aire, las aguas, todo
cuanto tocamos y vivimos; y a pesar de esa naturaleza que la vamos corrompiendo cada vez más, y la necesitamos, no nos damos cuenta que hay un compromiso con Dios de que esa
naturaleza sea cuidada por el hombre. Talar un árbol, botar el
agua cuando hay tanta escasez de agua, no tener cuidado con las
chimeneas de los buses, envenenando nuestro ambiente con
esos humos mefíticos, no tener cuidado donde se queman las
basuras —todo eso es parte de la alianza con Dios.

11 DE MARZO DE 1979

El mal sería que pase con el documento de Puebla lo mismo que
pasó con Medellín: que muchos, llevados por los prejuicios, a
veces por la ignorancia, no lo pusieron en práctica.
   Si nuestra arquidiócesis se ha convertido en una diócesis con-
flictiva, no les quepa duda: Es por su deseo de fidelidad a esta

evangelización nueva, que del Concilio Vaticano II para acá y en las reuniones de obispos latinoamericanos están exigiendo que tiene que ser una evangelización muy comprometida, sin miedo.

11 DE MARZO DE 1979

Una Iglesia que no sufre persecución, sino que está disfrutando los privilegios y el apoyo de las cosas de la tierra—¡tenga miedo!—no es la verdadera Iglesia de Jesucristo.

11 DE MARZO DE 1979

Yo les miro a ustedes, queridos hermanos,
y sé que mi humilde ministerio no es más que el de Moisés,
    transmitirles la palabra: esto dice el Señor.
Y qué gusto me da
cuando en la intimidad de sus corazones,
    como lo dicen a veces de palabra
    o por cartas que me llegan,
lo que el pueblo le contestó a Moisés:
"Haremos todo lo que Yahvé ha ordenado"[5].

18 DE MARZO DE 1979

El otro día un padre me dijo que un señor andaba buscando confesarse—tenía cuarenta años de no confesarse—porque quería convertirse, como había oído aquí en la catedral.

Cuando dicen que yo predico política, yo remito a estos testimonios de conversión hacia Dios. ¡Esto es lo que busco: conversión hacia Dios! Y si desde aquí señalo la política, muchas veces es por lo corrupto de esa política, para que se conviertan tam-

bién a Dios los hombres que Dios ama aun cuando estén enloda-
dos en el pecado.

18 DE MARZO DE 1979

Ojalá me estuvieran escuchando hombres
     que tienen sus manos manchadas de homicidio.
Son muchos, por desgracia,
     porque también es homicida el que tortura.
El que comienza a torturar
     no sabe a dónde va a terminar.
Hemos visto víctimas de torturas,
     llevadas con mil subterfugios mentirosos
     a morir en un hospital.
Son asesinos también,
     son homicidas,
     no respetan lo sagrado de la vida.
Nadie puede poner la mano sobre otro hombre,
     porque el hombre es imagen de Dios.
¡No matarás![6]
Yo quisiera llevar también esta palabra breve
     a ese mar inmenso de ignominia
     que mata hasta en las entrañas de la madre.
El aborto, crimen abominable, también es matar.
     ¡Y pensar que la que tortura, la que asesina
     es su propia madre!
¡No matarás!
Cuando Cristo perfeccionaba ese mandamiento, decía:
Ya cuando comienzas a odiar,
     has comenzado también a matar[7].

18 DE MARZO DE 1979

Yo no soy político,
yo no soy sociólogo,
yo no soy economista,
yo no soy responsable para dar solución
  a la economía y a la política del país.
Ya hay otros, laicos,
  que tienen esa tremenda responsabilidad.
Desde mi puesto de pastor
yo sólo hago un llamamiento
  para que sepan usar esos talentos
  que Dios les ha dado.
Pero como pastor, sí me toca
—y esto es lo que trato de hacer—
construir la verdadera Iglesia
  de nuestro Señor Jesucristo.

25 DE MARZO DE 1979

El que quiera salvar su alma—es decir, en frase bíblica, el que quiera estar bien, el que no quiera tener compromisos, el que no se quiere meter en líos, el que quiere estar al margen de una situación en que todos tenemos que comprometernos—éste perderá su vida.

Qué cosa más horrorosa haber vivido bien cómodo, sin ningún sufrimiento, no metiéndose en problemas, bien tranquilo, bien instalado, bien relacionado políticamente, económicamente, socialmente. Nada le hacía falta, todo lo tenía.

¿De qué sirve? Perderá su alma.

Pero el que por amor a mí se desinstale y acompañe al pueblo y vaya en el sufrimiento del pobre y se encarne y sienta suyo el dolor, el atropello, éste ganará su vida, porque mi Padre lo premiará.

Hermanos, a eso nos llama la palabra de Dios en este día, y yo quisiera, de veras, tener toda la capacidad de convicción para decirles: ¡Vale la pena ser cristiano![8]

1 DE ABRIL DE 1979.

A cada uno de nosotros nos está diciendo Cristo:
Si quieres que tu vida y tu misión fructifique como la mía,
   haz como yo:
conviértete en grano que se deja sepultar;
   déjate matar —
   no tengas miedo.
El que rehuye el sufrimiento se quedará solo.
   No hay gente más sola que los egoístas.
Pero si por amor a los otros das tu vida,
   como yo la voy a dar por todos,
cosecharás muchos frutos.
Tendrás las satisfacciones más hondas.
No le tengas miedo a la muerte, a las amenazas.
Contigo va el Señor.

1 DE ABRIL DE 1979

Yo, ya desde este momento,
   y en nombre de todos mis queridos sacerdotes,
pido perdón
por no haber servido, con toda entereza
   con que el evangelio nos pide,
   al pueblo al que tenemos que conducir,
por haberlo confundido a veces,
   suavizando demasiado el mensaje de la cruz,
   que es duro.

1 DE ABRIL DE 1979

Quizá nunca como ahora el mensaje de la Semana Santa ha tenido tanta actualidad. En medio de tantas voces y gritos de oprimidos y opresores, entre tanto aparato de represión y tantos ayes de atropellos—el egoísmo de quienes no quieren oír el reclamo de los hambrientos—y frente a los justos esfuerzos de las reivindicaciones sociales, principalmente entre tanto terrorismo, venganza y violencia, que ya casi se hacen nuestro ambiente…, qué bien nos haría a todos elevar nuestras situaciones concretas y nuestros sentimientos y esfuerzos personales o de grupo hasta la trascendencia que Cristo nos señala desde su cruz en Semana Santa: la justicia de Dios y su amor misericordioso[9].

6 DE ABRIL DE 1 9 7 9

La Iglesia no puede estar de acuerdo con las fuerzas que ponen su confianza sólo en la violencia.

La Iglesia no quiere que la confundan con liberaciones únicamente políticas y temporales.

La Iglesia sí se preocupa por esas liberaciones de la tierra, y le duele los hombres sufridos, analfabetos, sin luz, sin techo, sin hogar.

Pero sabe que allí no está únicamente la desgracia del hombre. Está más adentro, más profunda, en el corazón, en el pecado.

Y la Iglesia, por eso, al apoyar todas las justas reivindicaciones del pueblo, las quiere elevar a liberarse de esa cadena que es el pecado, la muerte, el infierno, y para decirles a los hombres que trabajemos por ser libres de verdad, pero a partir del propio corazón: la libertad de los hijos de Dios, la que nos hace hijos de Dios, la que nos quita las cadenas del pecado.

8 DE ABRIL DE 1 9 7 9

Si mi persona cae repugnante
   y por eso se quiere acallar mi voz,
   no se fijen en mí,
fíjense en aquel que les manda decir:
   "Ámense unos a otros".
No es a mí a quien oyen,
   sino al Señor,
al Amor que nos quiere precisamente suyos
   por esta característica del amor[10].

1 2   D E   A B R I L   D E   1 9 7 9

Una civilización del amor
   que no exigiera la justicia a los hombres
no sería verdadera civilización,
   no marcaría las verdaderas relaciones de los hombres.
Por eso, es una caricatura de amor
   cuando se quiere apañar con limosnas
   lo que ya se debe por justicia,
apañar con apariencias de beneficencia
   cuando se está fallando en la justicia social.
El verdadero amor comienza
   por exigir entre las relaciones de los que se aman
   lo justo.

1 2   D E   A B R I L   D E   1 9 7 9

Si no hay verdad en el amor, hay hipocresía. Muchas veces se dicen palabras bonitas, se estrechan las manos, y quizás hasta se den un beso, pero en el fondo no hay verdad.

Por eso [somos] una civilización donde se ha perdido la confianza del hombre a otro hombre, donde hay tanta mentira, donde no hay verdad, no hay fundamento de amor. No puede haber amor donde hay mentira.

Falta en nuestro ambiente la verdad. Y cuando la verdad se dice, ofende; y se callan las voces que dicen la verdad.

1 2 D E A B R I L D E 1 9 7 9

No nos está fallando Dios cuando no lo sentimos.

No digamos: Dios no me hace lo que yo le pido tanto, y por eso ya no rezo. Dios existe, y existe más cuando más te sientes lejos de él; y existe Dios más cerca de ti cuando tú crees que está más lejos y que no te oye.

Cuando sientes la angustia, el deseo de que Dios se acerque porque no lo sientes, es que Dios está muy cerquita de tu angustia.

¿Cuándo lo vamos a comprender que Dios no es un Dios que solamente nos da felicidad, sino que prueba nuestra fidelidad en las horas de angustia, y es entonces cuando la oración, cuando la religión, tiene más mérito, cuando se es fiel a pesar de no sentir la presencia del Señor?

Ojalá que ante este grito de Cristo nosotros aprendamos que Dios es siempre nuestro Padre y nunca nos abandona, y que nosotros estamos más cerca de él de lo que nosotros pensamos.

1 3 D E A B R I L D E 1 9 7 9

Queridos hermanos, sobre todo ustedes que tienen tanta sensibilidad social, ustedes que no toleran esta situación injusta de nuestra patria: está bien, Dios les ha dado ese sentido de sensibilidad; y si tienen vocación política, bendito sea Dios, cultívenla también.

Pero miren: no pierdan esa vocación; no pierdan esa sensibilidad política y social únicamente con odios, con venganzas, con violencias de la tierra.

Elévense. ¡Arriba los corazones! Miren las cosas de arriba[11].

1 5 D E A B R I L D E 1 9 7 9

"Recibid el Espíritu Santo".
Cristo mismo explica:
"Como mi Padre me envió, así yo os envío".
Quiere decir:
Nace la Iglesia con este soplo de Cristo;
y la misión que esa Iglesia llevará al mundo,
a todos los siglos,
no será otra que la de Cristo muerto y resucitado.
La Iglesia celebra su liturgia, predica su palabra,
solamente para eso:
para salvar del pecado,
para salvar de las esclavitudes,
para derribar las idolatrías,
para proclamar al único Dios, que nos ama.
Ésta será la difícil tarea de la Iglesia,
y por eso ella sabe que al cumplir esta misión,
que a Cristo le hizo ganarse una cruz
y unas humillaciones,
tendrá que estar dispuesta ella también
a no traicionar ese mensaje
y, si es necesario, como él, sufrir el martirio,
sufrir la cruz, la humillación, la persecución[12].

22 DE ABRIL DE 1979

Hay que dejar bien en claro que el conflicto es entre el gobierno y el pueblo. Hay conflicto con la Iglesia porque nos ponemos de parte del pueblo. Yo insisto en que la Iglesia no está para pelear con el gobierno. Y por mi parte yo no quiero pleitos con el gobierno. Cuando me dicen que soy subversivo, que me meto en política, digo: es falso; yo trato de definir la misión de la Iglesia, que es prolongación de la de Cristo. La Iglesia tiene que salvar al pueblo, acompañarlo en sus reivindicaciones. También, no dejarlo ir por los caminos de violencias injustas, de odios y de venganzas. En este sentido vamos acompañando al pueblo, a este pueblo que sufre tanto. Claro, aquellos que atropellan a este pueblo tienen que estar en pleito con esta Iglesia[13].

2 DE JUNIO DE 1979

No hay derecho para estar tristes.
Un cristiano no puede ser pesimista.
Un cristiano siempre debe de alentar en su corazón
    la plenitud de la alegría.
Hagan la experiencia, hermanos;
yo he tratado de hacerla muchas veces.
Y en las horas más amargas de las situaciones,
    cuando más arrecia la calumnia y la persecución,
    unirme íntimamente a Cristo, el amigo,
    y sentir más dulzura
    que no la dan todas las alegrías de la tierra
—la alegría de sentirse íntimo de Dios
aun cuando el hombre no lo comprenda a uno—
es la alegría más profunda
    que pueda haber en el corazón.

20 DE MAYO DE 1979

Seamos sinceros, nunca he estado a favor de nadie, porque he estado únicamente comprometido con mi Dios.

Y siempre he predicado mi autonomía para poder alabar lo bueno que hay en cualquier ser humano, así como para poder reprochar con toda libertad lo malo e injusto que existe en cualquier ser humano.

Para esto está la Iglesia.

Las coyunturas políticas de los pueblos cambian, y la Iglesia no va a ser juguete de ese vaivén de las coyunturas.

La Iglesia siempre tendrá que ser el horizonte del amor de Dios, que he tratado de esclarecer en esta mañana.

Por eso el amor cristiano sobrepasa las categorías de todos los regímenes y sistemas. Si hoy es democracia, si mañana es socialismo, si después es otra cosa, eso no es competencia de la Iglesia.

Háganlo ustedes que son el pueblo, ustedes que tienen el derecho de organizarse con la libertad que tiene todo pueblo.

Organicen su sistema social. La Iglesia se quedará siempre al margen, autónoma, para poder—en cualquier sistema que sea—ser la conciencia, el juez de las actitudes de los hombres que manejan o que viven en esos sistemas o regímenes.

20 DE MAYO DE 1979

¿Qué quiere decir trascendencia?
Es como irrumpir circunscripciones.
Es como no dejarse aprisionar por la materia.
Es como decir el hombre en su reflexión:
    Estoy por encima
    de todas las cosas que me quieren encadenar.
Ni la muerte ni la vida
    ni el dinero ni el poder ni los halagos,
nada puede sustraer al hombre
    de esta vocación trascendental.
Hay algo más allá de la historia.
Hay algo que transpone los umbrales
    de la materia y del tiempo.
Hay algo que por eso se llama
    lo trascendente,
    lo escatológico,
    el más allá,
    la meta final.
Dios, que no se deja abarcar por las cosas,
    sino que lo abarca todo,

ésa es la meta
a la que nos llama Cristo resucitado.

27 DE MAYO DE 1979

Cuántos hay que mejor no dijeran que son cristianos, porque no
tienen fe. Tienen más fe en su dinero y en sus cosas que en el
Dios que construyó las cosas y el dinero.

3 DE JUNIO DE 1979

Es divertido.
Yo he recibido en esta semana acusaciones
    de los dos extremos:
de la extrema derecha,
    porque soy comunista;
y de la extrema izquierda,
    porque ya me estoy haciendo de derecha.
Yo no estoy ni con la derecha ni con la izquierda.
Estoy tratando de ser fiel
    a la palabra que el Señor me manda predicar,
    al mensaje que no se puede alterar,
al que a unos y a otros les dice
lo bueno que hacen
y las injusticias que cometen.

3 DE JUNIO DE 1979

La Iglesia no es un partido de oposición.
La Iglesia es una fuerza de Dios inspiradora
    en el pueblo,
    para que el pueblo sea artífice de su propio destino.
La Iglesia no quiere imponer sistemas
    políticos o sociales.

No debe; no es su competencia.
Pero la Iglesia llama a la libertad de los pueblos
    para que no se imponga un sólo patrón impositivo,
sino para que los hombres promuevan,
    desde sus conocimientos y sus técnicas,
    lo que el pueblo merece,
    lo que el pueblo cree que quiere,
artífice de su propio destino,
libre para elegir su propia conducción
    al destino que Dios le señala.

10 DE JUNIO DE 1979

No es un Dios lejano
—sí, trascendente, infinito—,
pero un Dios cercano aquí en la tierra.

10 DE JUNIO DE 1979

CAPÍTULO 7

La luz luminosa de Cristo

Cuando el sacerdote levanta la hostia y dice:
"Éste es el sacramento de nuestra fe",
ustedes responden, porque así lo sienten:
"Anunciamos tu muerte,
proclamamos tu resurrección".
Ésta es la eucaristía:
anuncio de la muerte del Señor,
proclamación de su vida eterna,
optimismo de unos hombres y de unas mujeres
que saben que están siguiendo,
en medio de la oscuridad y de la confusión
de nuestra historia,
la luz luminosa de Cristo,
vida eterna.

17 DE JUNIO DE 1979

El cristiano lleva la seguridad de Cristo
y es germen de salvación.
Si hay esperanza de un mundo nuevo,
de una patria nueva,
de un orden más justo,
de un reflejo del Reino de Dios

en nuestra sociedad,
hermanos, ténganlo por seguro,
son ustedes, los cristianos,
los que van a hacer esa maravilla
del mundo nuevo,
pero cuando todos seamos de verdad comunicadores
de esta vida
que venimos a recibir en la eucaristía
de nuestra misa dominical,
este germen que transformará al mundo.

1 7   D E   J U N I O   D E   1 9 7 9

La eucaristía, el Corpus... nos ha hecho remontarnos al Calvario hace veinte siglos, y a Moisés todavía más atrás y a las viejas alianzas desde la eucaristía —un horizonte de historia incomparable.

Pero también hacia adelante, hacia el futuro, el horizonte eterno, el horizonte escatológico, el horizonte definitivo que va exigiendo como una utopía a todos los sistemas políticos, a todas las luchas sociales, a todos los hombres que se preocupan de la tierra.

La Iglesia no se despreocupa de la tierra, pero desde su eucaristía dice a todos los trabajadores de la tierra: más allá. Y cada vez que se levanta la hostia en la misa, se oye el llamamiento de Cristo: "Hasta que lo volvamos a tomar en el Reino de mi Padre".

Y el pueblo repite: "Ven, Señor Jesús".

Hay una esperanza. Es un pueblo que camina al encuentro del Señor. La muerte no es fin. La muerte es abrirse a esa puerta de la eternidad.

Por eso decía y termino diciendo que toda la sangre, todos los cadáveres, todos los misterios de iniquidad y de pecado, todas las torturas, todos esos antros de nuestros cuerpos de seguridad,

donde lamentablemente mueren lentamente muchos hombres,
no están para siempre perdidos.

17 DE JUNIO DE 1979.

Cuando un hombre o un grupo quiere trabajar sólo por la tierra
y no tiene horizonte de eternidad y no le importan esos horizontes religiosos, no es un liberador completo. No se puede fiar
de él. Hoy luchan por el poder y mañana desde el poder serán
los peores represores, si no se tiene un horizonte más allá de la
historia que sancione lo bueno y lo malo que hacemos los hombres en la tierra. No puede haber justicia verdadera ni reivindicaciones eficaces.

17 DE JUNIO DE 1979

Cuando salimos de misa,
debemos de salir
como bajó Moisés del Sinaí:
con su cara luminosa,
con su corazón valiente
a enfrentarse a las dificultades del mundo.

17 DE JUNIO DE 1979

Me da lástima pensar que hay gente que no evoluciona. Hay
gente que dice: "Todo lo que ahora hace la Iglesia está malo,
porque no es como cuando nosotros lo hacíamos cuando éra-
mos niños". Y recuerdan su colegio y quisieran un cristianismo
estático como museo de conservación.

No es para eso el cristianismo ni el evangelio. Es para ser fer-
mento de actualidad, y tiene que denunciar no los pecados de
los tiempos de Moisés y de Egipto, ni de los tiempos de Cristo y
Pilatos y de Herodes y del Imperio Romano. Son los pecados de

hoy aquí en El Salvador, los que les toca vivir, el marco histórico; este germen de santidad y de unidad, tenemos que vivirlo
aquí en la tremenda realidad de nuestro pueblo concreto, cual es
nuestra comunión eclesial.

17 DE JUNIO DE 1979

Queridos hermanos, no pongamos la confianza
    en movimientos de la tierra.
Sí, son providenciales,
pero con tal que ellos no olviden
que toda la fuerza liberadora del mundo
viene de Cristo.

24 DE JUNIO DE 1979

La vida es siempre sagrada.
El mandamiento del Señor,
    "No matarás",
hace sagrada toda vida;
    y aunque sea de un pecador,
la sangre derramada
siempre clama a Dios[1].

30 DE JUNIO DE 1979

Hay una frase en el saludo de Puebla a los pueblos de América
Latina que me parece que da la pauta para aquellos que creen
que, cuando la Iglesia se proclama Iglesia de los pobres, como
que se parcializa y desprecia a los ricos. De ninguna manera. El
mensaje es universal. Dios quiere salvar a los ricos también.

   Pero, precisamente porque los quiere salvar, les dice que no se
pueden salvar mientras no se conviertan al Cristo que vive precisamente entre los pobres; y entonces el mensaje de Puebla

dice que en esto consiste el ser pobre: "...aceptar y asumir la causa de los pobres, como si estuviesen aceptando y asumiendo su propia causa, la causa misma de Cristo: 'Todo lo que hicisteis a uno de estos mis hermanos, por humildes que sean, a mí me lo hicisteis'"[2].

1 DE JULIO DE 1979

Esto quisiera decir yo:
que no debemos de socorrer a nadie
   con sentido de superioridad,
que el que da materialmente
   recibe espiritualmente.
Hay un intercambio de bienes
que solamente lo comprende
   un verdadero espíritu de pobreza,
que hace sentirse al rico muy hermano del pobre
y al pobre no sentirse inferior al rico,
sino en una igualdad de intercambio:
dar y dar,
nivelar, como dice San Pablo[3].

1 DE JULIO DE 1979

La muerte es signo de pecado
cuando la produce el pecado tan directamente
como entre nosotros:
   la violencia,
   el asesinato,
   la tortura (donde se quedan tantos muertos),
   el machetear y tirar al mar,
   el botar gente.
Todo esto es el imperio del infierno.

1 DE JULIO DE 1979

"Por eso," —concluye San Pablo humildemente—
"muy a gusto presumo de mis debilidades,
  porque así residirá en mí la fuerza de Cristo.
Por eso vivo contento en medio de mis debilidades,
  de los insultos, las privaciones,
  las persecuciones y las dificultades
  sufridas por Cristo".
Hermanos, ¡qué hermosa experiencia es
tratar de seguir un poquito a Cristo
y a cambio de eso recibir en el mundo
  la andanada de insultos,
  de desconfianzas,
  de calumnias,
  las pérdidas de amistades,
  el tenerlo a uno por sospechoso!
Todo eso ya está profetizado[4].

8 DE JULIO DE 1979

Si alguna vez nos quitaran la radio,
  nos suspendieran el periódico,
  no nos dejaran hablar,
  nos mataran a todos los sacerdotes y al obispo también
y quedaran ustedes un pueblo sin sacerdotes,
cada uno de ustedes tiene que ser un micrófono de Dios,
cada uno de ustedes tiene que ser un mensajero,
un profeta.
Siempre existirá la Iglesia mientras haya un bautizado,
y ese único bautizado que quede en el mundo
es el que tiene ante el mundo
la responsabilidad de mantener en alto
la bandera de la verdad del Señor
y de su justicia divina.

8 DE JULIO DE 1979

Es obra de Dios,
y por eso no tenemos miedo
a la misión profética
    que el Señor nos ha encomendado.
Ya me imagino que alguno dice:
    "¡Ah, se está creyendo profeta!".
No es que me crea profeta.
Es que ustedes y yo somos un pueblo profético;
es que todo bautizado ha recibido participación
    en la misión profética de Cristo.

8 DE JULIO DE 1979

Cuando moría y estaba aquí tendido
    el padre Rafael Palacios, asesinado en Santa Tecla,
yo dije que su cadáver
seguía predicando una denuncia
    no sólo hacia afuera de la Iglesia por sus crímenes,
    sino hacia adentro de la Iglesia por sus pecados.
El profeta también denuncia
los pecados internos de la Iglesia.
¿Y por qué no?
    Si obispos, papas, sacerdotes,
    nuncios, religiosas, colegios católicos,
    estamos formados por hombres,
    y hombres somos pecadores,
y necesitamos que alguien nos sirva de profeta
    también a nosotros
para que nos llame a conversión,
para que no nos deje instalar una religión
    como si ya fuera intocable.
La religión necesita profetas,
    y gracias a Dios que los tenemos,
porque estaría muy triste una Iglesia

que se sintiera tan dueña de la verdad
que rechazara todo lo demás.
Una Iglesia que sólo condena,
    una Iglesia que sólo mira pecado en los otros
y no mira la viga que lleva en el suyo,
    no es la auténtica Iglesia de Cristo

8 DE JULIO DE 1979

La Iglesia, en su afán de conversión al evangelio, está viendo que su papel está al lado del pobre, del atropellado, del marginado, y en nombre de él tiene que hablar y por él tiene que reclamar.

Muchas personas que pertenecen a las altas categorías y que se sentían como las dueñas de la Iglesia, sienten que la Iglesia las abandona y como que ha olvidado la Iglesia su misión espiritual. "Ya no predica espiritual, ya sólo predica política".

No es eso. Es que está señalando el pecado, y esa sociedad tiene que escuchar ese señalamiento y convertirse para ser como Dios quiere.

8 DE JULIO DE 1979

María, estrella de la evangelización[5]

El 16 de julio es una fecha destacada en el calendario de la devoción popular: es el día de la Virgen del Carmen. No me olvido de una definición muy acertada con que un misionero expresaba su admiración por la profunda raigambre de esta devoción mariana entre nosotros. Llamó a Nuestra Señora del Carmen "la mejor misionera de nuestro pueblo".

En verdad, yo creo que no hay un pueblo salvadoreño donde, el "Día del Carmen", no se sienta el atractivo de la Virgen María bajo esa advocación, desde la alegría general de una fiesta patronal hasta la sencilla celebración de una cofradía o una misa o un rezo en el altar de la Virgen del Carmen —ya sea en la iglesia del pueblo o en un cantón o en la casa donde la familia guarda como herencia cariñosa una imagen que veneraron los abuelos.

Hoy, cuando los pastoralistas están dando, en sus reflexiones y orientaciones, mucha importancia a la religiosidad o devoción popular, la devoción del Carmen es un fenómeno que merece nuestra atención para cultivarla como uno de esos recursos providenciales que la Iglesia tiene para cumplir su tarea esencial de evangelizar.

En la Carta Magna de la evangelización, o sea la exhortación *Evangelii Nuntiandi*, el inolvidable Pablo VI, que recogió la experiencia pastoral del episcopado del mundo, dejó las normas eficaces para discernir los valores incomparables de estas devociones populares. Porque no hay duda que estas exuberancias religiosas revuelvan, con los grandes elementos positivos de la evangelización, muchas desviaciones de fanatismo, de superstición, de intereses egoístas, y hasta de errores doctrinales. Pero, bien aprovechadas, estas expresiones del alma de nuestro pueblo son verdadero culto a nuestro Dios, y para muchos tal vez serán las únicas oportunidades para encontrarse con el Señor.

Si una peregrinación de la Virgen del Carmen, si el prepararse para imponerse su clásico escapulario o el recuerdo renovador de esta alianza con María, nos lleva hasta la meta de la evangelización que es la conversión sincera y la expresión, por los sacramentos, de nuestra adhesión al evangelio y a sus difíciles exigencias, no hay duda que el 16 de julio es un día privilegiado para nuestra pastoral.

El día de la Virgen del Carmen es por tanto una rica herencia de la Iglesia de hoy, que es la Iglesia de siempre. Lo que urge es hacer con estos tesoros heredados lo que se hace con toda herencia: no dilapidarla sino cultivarla.

Sería imperdonable destruir o criticar negativamente estas bellas expresiones piadosas de nuestra gente sólo porque no se acomodan a criterios teológicos más cultivados. Lo sabio es en-

riquecer esos canales que pusieron nuestros antiguos evangelizadores con los tesoros renovadores de la nueva pastoral.

"La caridad pastoral debe dictar, a cuantos el Señor ha coloca-
do como jefes de las comunidades eclesiales, las normas de
conducta con respecto a esta realidad, a la vez tan rica y tan
amenazada. Ante todo hay que ser sensible a ella, saber perci-
bir sus dimensiones interiores y sus valores innegables, estar
dispuesto a ayudarla, a superar sus riesgos de desviación. Bien
orientada, esta religiosidad popular puede ser cada vez más,
para nuestras masas populares, un verdadero encuentro con
Dios en Jesucristo"[6].

Si esto vale para toda religiosidad popular, cuánto más eficaz
será esta enseñanza de Pablo VI cuando esas masas populares
rodean con cariño de hijos a la Virgen María, bellamente llama-
da, en el mismo documento, "Estrella de la Evangelización".

13 DE JULIO DE 1979

Acuérdense que estoy tratando de hablar como miembro de un
pueblo, de una diócesis, si bien es cierto que soy yo el obispo de
la diócesis.

Pero no soy yo solo el enviado con esta misión profética; es
todo mi pueblo, son todos mis sacerdotes, son todos mis religiosos, los colegios católicos, son todos aquellos que forman la comunidad católica.

Y en nombre de todos ustedes, queridos laicos que me escuchan y que reflexionan conmigo, les digo cuál es nuestra misión
profética, qué es lo que tenemos que predicar con nuestro testimonio y con nuestra palabra frente a un pueblo salvadoreño que
necesita tanto esta luz cristiana.

Ustedes y yo somos responsables de que este mensaje de
Cristo llegue a todos[7].

15 DE JULIO DE 1979

Me alegro, hermanos,
de que nuestra Iglesia sea perseguida
precisamente por su opción preferencial por los pobres
   y por tratar de encarnarse
   en el interés de los pobres
   y decir a todo el pueblo,
gobernantes,
ricos y poderosos:
   Si no se hacen pobres,
   si no se interesan por la pobreza de nuestro pueblo
   como si fuera su propia familia,
no podrán salvar a la sociedad.

15 DE JULIO DE 1979

¿De qué sirven hermosas carreteras y aeropuerto,
   hermosos edificios de grandes pisos,
si no están más que amasados
con sangre de pobres
que no los van a disfrutar?

15 DE JULIO DE 1979

Cristo resucitado ha puesto ya en el seno de la historia
   el principio de un mundo nuevo.
Venir a misa el domingo
   es empaparse en ese principio,
que se vuelve a hacer presente
   y se celebra en la misa del altar.
Y los que salimos de misa sabemos
   que hemos proclamado la muerte que salvó al mundo
y proclamado la resurrección de Cristo,
   que vive como esperanza,

para conglutinar a todo el universo
del cielo y de la tierra,
recapitular en Cristo todas las cosas
del cielo y de la tierra, es decir, el universo.

15 DE JULIO DE 1979

El hombre del siglo veinte
ha escalado la luna,
ha descubierto el secreto del átomo.
¿Qué cosas más descubrirá?
Es el cumplimiento del mandamiento del Señor:
Domina la tierra[8].
Pero el dominio absoluto del hombre sobre el universo
será este que ya se anuncia hoy:
"En Cristo recapitulando
las cosas del cielo y de la tierra".
Es cuando el hombre santo logre someter
al Reino de Dios este mundo,
que ahora es esclavo del pecado,
y lo coloque a los pies de Cristo
y Cristo a los pies de Dios.
Ésta es la recapitulación.
Antes de que existieran los siglos,
éste fue el proyecto de Dios;
y cuando termine la historia,
ésta será la realización de Dios:
Cristo, recapitulación de todas las cosas.
Todo lo que ha sido la historia,
todo lo que vamos haciendo nosotros,
bueno o malo,
se medirá según ese proyecto de Dios;
y sólo subsistirá el que haya trabajado

por poner las cosas bajo el Reino de Cristo,
y todo aquello que haya tratado de insubordinarse
　　al proceso de Dios en Cristo,
es falso, no subsistirá,
irá al basurero de la historia.

15 DE JULIO DE 1979

Reprende Jeremías a los falsos pastores diciéndoles:
"¡Ay de los pastores que dispersan al pueblo!
A los pastores que pastorean a mi pueblo:
vosotros dispersasteis mis ovejas,
las expulsasteis,
no las guardasteis.
Pues, yo os tomaré cuentas
por la maldad de vuestras acciones".

Pensemos esto, que por encima de la bondad o de la maldad de
gobiernos y pastores hay un Dios que impulsa al buen pastor al
buen gobierno, que inspira las acciones buenas de los hombres
que colaboran con él, pero es un Dios justiciero que amenaza
tomar cuenta con todo rigor de las malas acciones que se han
hecho en este sublime papel de gobierno[9].

22 DE JULIO DE 1979

La figura de Cristo se nos presenta como el Rey-Pastor,
Rey y Pastor de todos los pueblos del mundo,
　　de toda la historia.
Él tiene la clave de la solución de la historia
　　y de los momentos críticos de los pueblos.
Los pueblos, sólo mirándolo a él,
　　podrán encontrar solución.
Si no, si volvemos la espalda a Cristo,

seguiremos viviendo en este absurdo
del rebaño disperso.
Lo grandioso es que Cristo quiso
identificarse con su pueblo de
    bautizados de todos los tiempos,
para realizar también su misión regia,
    su misión de Rey.
Y a nosotros, jerarquía y pueblo, nos toca proclamar
    la realeza eterna, única, universal, de Cristo
y hacer que todos los pueblos,
    las familias, los hombres,
    se le sometan.
No es un dominio despótico.
Es un dominio de amor.
Es la meta de nuestra libertad, como decía San Pablo:
    ser libres para amar en Cristo Jesús[10].

22 DE JULIO DE 1979

Cuando alguien absolutiza su poder y se erige ídolo del poder y
se vuelve contra las leyes de Dios, contra los derechos humanos—el atropello del pueblo—entonces no podemos decir que
esa autoridad viene de Dios.

Si no se orienta legítimamente como Dios quiere, el pueblo,
por amor al bien común (objetivo que le ha dado razón de ser a
la nación), tiene que obedecer hasta cierto límite, pero le cabe
siempre el derecho de sus justas reivindicaciones.

22 DE JULIO DE 1979

Cristo, tiene una representación
    ahora, aquí en el mundo:
    somos nosotros, su Iglesia, la comunidad.

Por eso, al enfocar la semana[11],
   yo también me fijo
   en este quehacer típicamente eclesial,
esto que debe ser nuestra tarea principal,
   sacerdotes, religiosas, fieles,
   todos los agentes de pastoral.
No hacemos política;
iluminamos la política desde nuestra luz evangélica.
Pero lo principal nuestro
es encender la lámpara del evangelio
   en nuestras comunidades.

22 DE JULIO DE 1979

Yo les quiero repetir lo que dije otra vez:
   El pastor no quiere seguridad
   mientras no le den seguridad a su rebaño.

22 DE JULIO DE 1979

Cristo invoca la justicia eterna,
   no en esta tierra, donde, a pesar de escribirle
   al señor Presidente de la Corte Suprema de Justicia,
   las cosas seguirán lo mismo.
Él no es Cristo.
Pero hay un Cristo encima de él
que le pedirá cuenta a él,
y le pedirá cuenta a todos los que sean cómplices
   de esta situación injusta de El Salvador.

29 DE JULIO DE 1979

Estas homilías quieren ser la voz de este pueblo,
quieren ser la voz

de los que no tienen voz.
Y por eso, sin duda, caen mal a aquellos
que tienen demasiada voz.

29 DE JULIO DE 1979

No se confunda, hermanos, la misión de la Iglesia,
evangelizando y trabajando por la justicia,
con campañas subversivas.
Es muy distinto
—a no ser que al evangelio
se le quiera llamar subversivo—,
porque de verdad está tocando las bases
de un orden que no debe existir,
porque es injusto.

6 DE AGOSTO DE 1979

La única violencia que admite el evangelio
es la que uno se hace a sí mismo.
Cuando Cristo se deja matar,
ésa es la violencia: dejarse matar.
La violencia en uno es más eficaz
que la violencia en otros.
Es muy fácil matar,
sobre todo cuando se tienen armas.
Pero, ¡qué difícil es dejarse matar
por amor al pueblo!

12 DE AGOSTO DE 1979

Yo denuncio, sobre todo, la absolutización de la riqueza.
Éste es el gran mal de El Salvador:
la riqueza, la propiedad privada,

como un absoluto intocable.
Y, ¡ay del que toque ese alambre de alta tensión!
Se quema.

12 DE AGOSTO DE 1979

¡Cómo me da gusto cuando en los pueblitos humildes,
las gentes y los niños se agolpan a uno, vienen a uno!
O va llegando uno al pueblo y le salen al encuentro.
Llegan con confianza,
    porque saben
    que les lleva uno el mensaje de Dios.

12 DE AGOSTO DE 1979

Queremos mencionar con cariño la visita que hicimos ayer a San Antonio Los Ranchos. Ante aquella gente sencilla que nos dice que comprende bien la palabra que se predica desde nuestras homilías, ¡cómo queda ridícula la incomprensión de los que no quieren oír, del orgullo, de la soberbia!
   Como decía Cristo: "Te doy gracias, Padre, porque has revelado estas cosas a los sencillos y a los humildes, y en cambio no las revelas a los soberbios y orgullosos[12].

12 DE AGOSTO DE 1979

Ojalá que quede claro mi mensaje y vean, queridos hermanos, que, ante todo, lo que yo quiero en mi predicación es dejar al alcance de todos, hasta del más sencillo, el gran mensaje del evangelio, al cual yo sirvo con todo mi corazón y no quisiera que se distorsionara.
   Que lo que se sacara de la predicación fuera no la crónica de la semana, no la crítica al gobierno, no la denuncia del pecado.

Eso viene por añadidura, eso viene como la iluminación del evangelio que tropieza con esas realidades.

Pero lo principal que yo quisiera que se llevaran de mi predicación es la luz del evangelio, con la cual ustedes mismos podrán iluminar no los hechos que yo señalo, sino los hechos concretos de ustedes, de su familia, de su vida, de sus amistades, de su empleo.

Porque para eso se predica, para que cada cristiano que reflexiona el evangelio ilumine en su vida y desde su vida las realidades que lo rodean, con criterios de Cristo.

12 DE AGOSTO DE 1979

Las cenizas siguen hablando[13]

Todos los indicios acusan que hubo mano criminal en el incendio de La Crónica del Pueblo el sábado recién pasado por la noche. Si esto es así, nos encontramos ante una nueva manifestación de la irracionalidad que inspira la violencia represiva contra la libertad de expresión.

Cuando otros no piensan como uno o, peor todavía, cuando otro le señala a uno sus pecados, sólo caben dos actitudes racionales y humanas: o dialogar para convencer al otro de la razón que uno tiene, o reconocer con hombría el pecado que le señalan y con mayor valentía convertirse de ese pecado. En otras palabras: "Las ideas se combaten con ideas". Valerse de la fuerza física—por no decir bruta—para acallar las expresiones del pensamiento, es un signo de haber bajado a una era cavernaria. Quien es capaz de incendiar, y, peor todavía, quienes son capaces de mandar a incendiar el taller donde se imprime un periódico que publica ideas que no están de acuerdo con ellos, y que denuncian sus pecados, no sólo demuestran una incapacidad de diálogo, sino que se exhiben en la ínfima grada del subdesarrollo cultural.

No podemos menos que repudiar esta barbarie y confirmar una vez más la existencia de unos poderes que están sosteniendo estructuras injustas de pecado. Al mismo tiempo la incineración del taller de La Crónica del Pueblo está dando testimonio del glorioso riesgo que corre todo aquel que se atreve a denunciar, en defensa del pueblo, las injusticias y el atropello de esos poderes. Y hasta las cenizas siguen hablando. La voz de la verdad, el amor y el servicio a los intereses nobles del pueblo, la inteligencia y el corazón de quienes levantan esas banderas, no han sido quemados. El incendio sólo debe servir de estímulo para renacer, como la legendaria ave fénix, de sus propias cenizas. Y el pueblo debe ayudar a que se vuelva a oír su voz en esta misma tribuna, contribuyendo con su apoyo moral y económico a que muy pronto se rehaga de su ruina La Crónica del Pueblo.

En la misma fecha fue destruida en Santa Ana, la radioemisora YSHH. Servirán también para ella estas modestas expresiones de solidaridad y apoyo.

20 DE AGOSTO DE 1979

La voz de la Iglesia,
   por mi parte, he tratado de hacerla nítida.
Tal vez no lo logre,
   porque hay mucha mala voluntad,
   mucha ignorancia
   y mucha idolatría,
y el idólatra no quiere que le boten su ídolo.
Sin embargo, esta voz quiere reclamar una vez más
que esto es lo que yo quiero predicar:
a este Cristo
que dice que no busca las cosas de la tierra
   sino para salvarla.

Me da risa
cuando dicen que yo estoy propugnando por el poder.
¿Qué capacidad tengo yo
para ser un presidente o un ministro?
Dios me ha llamado para ser un sacerdote
y servir desde mi Iglesia,
desde mi sacerdocio.

26 DE AGOSTO DE 1979

Ayer, en San Juan Opico, el Canal 13 de Televisión de México
me preguntaba: "Si le ofrecieran a usted o a la Iglesia el
liderazgo en una revolución, ¿usted lo aceptaría?".

Le dije yo: "Haría un disparate. La Iglesia no está para eso en
la tierra. La Iglesia no está para ser un capitán de un ejército. La
Iglesia no está para llevar una revolución. La Iglesia está para ser
madre de unidad. Se mantiene autónoma entre dos partidos que
pelean, para poderle decir, a uno y a otro, lo justo y lo injusto, y
para poder reclamar a la hora de los pecados de guerra lo que no
se debe de hacer ni en situaciones conflictivas. La Iglesia quiere
ser siempre la voz de Cristo, el pan que baja del cielo para la
vida, para la luz, para la salud del mundo".

Yo les suplico, queridos colaboradores de la Iglesia, manifes-
temos de la forma más nítida este pensamiento de Cristo, esta
trascendencia de la Iglesia que decía Pablo VI: Si la Iglesia pre-
dicara otra liberación que no es la de Cristo, que no es la del
pecado, ni la de llevar a los hijos de Dios hasta el cielo, hasta la
vida eterna—una Iglesia que se confundiera con liberaciones
únicamente de la política, de la economía y de lo social—perde-
ría su fuerza original y no tendría derecho a hablar de liberación
en nombre de Dios.

26 DE AGOSTO DE 1979

Por mi parte, quiero aprovechar esta ocasión
para quienes quieren enfrentarme con la Santa Sede:
de que el arzobispo de San Salvador
    se gloría de estar en comunión con el Santo Padre,
    respeta y ama al sucesor de Pedro.
Sé que no haría un buen servicio a ustedes,
    querido pueblo de Dios,
si los desgajara de la unidad de la Iglesia.
¡Lejos de mí!
Preferiría mil veces morir
antes de ser un obispo cismático.

26 DE AGOSTO DE 1979

¿De qué sirve tener iglesias bonitas de las cuales podría decir Cristo lo que les dice hoy a los fariseos: Vuestro culto es vacío[14]?

Así resultan muchos cultos lujosos, de muchas flores, de muchas cosas, invitados y demás. Pero, ¿dónde está la adoración en Espíritu y verdad?

Creo que es para nosotros una lección, queridos hermanos, y yo soy el primero en recibirla y tratar de interpretarla.

Tal vez no he sabido cumplir bien con mi deber de sacerdote del culto de Dios. Tal vez, con mis hermanos sacerdotes, hemos hecho consistir el culto en arreglar bien bonito el altar y, tal vez, cobrar tarifas más altas porque se adorna mejor. Hemos comercializado.

Por eso, Dios, como entrando a Jerusalén con el látigo, nos está diciendo: "Habéis hecho de mi casa de oración una cueva de ladrones"[15]. Todos tenemos que reflexionar: todos somos culpables.

2 DE SEPTIEMBRE DE 1979

Ha habido otros conflictos laborales que han llevado a desilusión por la intransigencia de algunas de las partes. En cambio, ha habido negociaciones muy valiosas en las cuales nos da ejemplo de que somos capaces de negociar racionalmente las cosas.

Quisiera hacer honor a la verdad al decir que he conocido en estos días empresarios privados que mantienen buenas relaciones de trabajo con sus obreros aun más allá de lo que la ley pide. Están dispuestos a que se cree un clima nuevo, mejor, en el país en todos los órdenes. Yo digo que no tenemos que despreciar las voces, aunque sean muy parciales y pequeñas lucecitas, pero son luces de esperanza.

No somos nosotros demagógicos de una clase social, sino que somos parte del Reino de Dios los que queremos impulsar, dondequiera que haya un corazón de buena voluntad, a la justicia, al amor, a la comprensión.

No es necesario con tanta sangre la liberación de El Salvador cuando todavía es tiempo de que, si ponemos todos la buena voluntad, el renunciamiento de las cosas materiales y la búsqueda de estos valores divinos, encontraremos ciertamente el camino. Para eso, naturalmente, hay que tener el valor de ceder en aquello que había sido una institución ya intocable y que era la base de todas las violencias: la violencia institucionalizada, la injusticia del país.

2 DE SEPTIEMBRE DE 1979

Santiago nos exhorta hoy
a "aceptar dócilmente la palabra que ha sido plantada
y es capaz de salvarnos"[16].
Sólo esta palabra es capaz de salvarnos.

Creer, esperar:
ésta es la gracia del cristiano en nuestro tiempo.
Cuando muchos desesperan,
cuando les parece que la patria ya no tiene salida,
como que todo se acabó,

el cristiano dice:
No, si todavía no hemos comenzado.
Todavía estamos esperando la gracia divina,
que ciertamente ya se comienza
a construir en esta tierra,
y seremos una patria feliz
y saldremos de tanto crimen.
Habrá una hora en que ya no haya secuestros,
habrá felicidad,
podremos salir a nuestras calles y a nuestros campos
sin miedo a que nos torturen y nos secuestren.

¡Vendrá ese tiempo!
Canta nuestra canción:
"Yo tengo fe que todo cambiará".
Ha de cambiar
si de veras creemos en la palabra que salva
y en ella ponemos nuestra confianza.
Para mí, éste es el honor más grande de la misión
que el Señor me ha confiado:
de estar manteniendo esa esperanza y esa fe
en el pueblo de Dios
y decirle:
Pueblo de Dios, sean dignos de ese nombre.

2 DE SEPTIEMBRE DE 1979

CAPÍTULO 8

Opción preferencial
por los pobres

De mi parte, queridos hermanos, no quisiera tener vida como la tienen muchos poderosos de hoy cuando no viven de verdad. Viven custodiados, viven con la conciencia intranquila, viven en zozobra. Eso no es vida.

Si cumplís la ley de Dios, viviréis. Aunque me maten, no tengo necesidad...[1].

Si morimos con la conciencia tranquila, con el corazón limpio de haber producido sólo obras de bondad, ¿qué me puede hacer la muerte?

Gracias a Dios que tenemos estos ejemplares de nuestros queridos agentes de pastoral, que compartieron los peligros de nuestra pastoral hasta el riesgo de ser matados. Yo, cuando celebro la eucaristía con ustedes, los siento a ellos presentes. Cada sacerdote muerto es para mí un nuevo concelebrante en la eucaristía de nuestra arquidiócesis. Sé que están aquí, dándonos el estímulo de haber sabido morir sin miedo, porque llevaban su conciencia comprometida con esta ley del Señor: la opción preferencial por los pobres.

2 DE SEPTIEMBRE DE 1979

No me repugnaría,
si tengo la dicha de poseer un cielo,
de estar en ese cielo cerca de los
que hoy se declaran mis enemigos,
    porque allá no seremos enemigos.
Yo nunca lo soy de nadie.
Pero los que gratuitamente quieren ser mis enemigos,
    conviértanse al amor,
y en el amor nos encontraremos en la felicidad de Dios.

2 DE SEPTIEMBRE DE 1979

No nos pueden entender
    los que no entienden la trascendencia.
Cuando hablamos de la injusticia aquí abajo
    y la denunciamos,
piensan que ya estamos haciendo política.
Es en nombre de ese Reino justo de Dios
que denunciamos las injusticias de la tierra.

2 DE SEPTIEMBRE DE 1979

Yo creo que el obispo
    siempre tiene mucho que aprender de su pueblo,
y precisamente en los carismas
    que el Espíritu da al pueblo,
el obispo encuentra la piedra de toque
    de su humildad y de su autenticidad.

9 DE SEPTIEMBRE DE 1979

Cuando decimos "por los pobres",
no nos parcializamos hacia una clase social.
    Fíjense bien.

Lo que decimos, dice Puebla,
es una invitación a todas las clases sociales
sin distinción de ricos y pobres.
A todos les decimos:
    Tomemos en serio la causa de los pobres
    como si fuera nuestra propia causa;
más aún, como de verdad es.
Es la causa de Jesucristo
que en el día del juicio final pedirá que sólo se salven
los que atendieron al pobre con fe en él:
    "Todo lo que hicisteis a uno de esos pobrecitos
    —marginados, ciegos, cojos, sordos, mudos—,
    a mí me lo hicisteis"[2].

9 DE SEPTIEMBRE DE 1979

Lamentablemente, queridos hermanos,
somos el producto
    de una educación espiritualista, individualista,
donde se nos enseñaba:
    procura salvar tu alma y no te importe lo demás.
Como decíamos al que sufría:
    Paciencia, que ya vendrá el cielo; aguanta.
No, no puede ser eso, eso no es salvar,
no es la salvación que Cristo trajo.
La salvación que Cristo trae
    es la salvación de todas las esclavitudes
    que oprimen al hombre.

9 DE SEPTIEMBRE DE 1979

La promoción que Cristo quiere hacer del hombre
es todo el hombre
    en su dimensión trascendente,

en su dimensión histórica,
en su dimensión espiritual,
en su dimensión corporal.
Es todo el hombre al que hay que salvar,
el hombre en sus relaciones sociales,
el hombre que no considere
a unos más hombres que a otros,
sino a todos hermanos
y con preferencia a los más débiles y más necesitados.
Éste es el hombre integral
que la Iglesia quiere salvar.
¡Difícil misión!
La catalogarán muchas veces
entre subversivos, comunistas y revolucionarios,
pero la Iglesia sabe cuál es su revolución:
la del amor de Jesucristo.

9 DE SEPTIEMBRE DE 1979

Yo creo que hoy más que nunca en El Salvador
necesitamos conocer a Cristo.
Hoy se necesitan cristianos, y desde el cristianismo
serán los verdaderos liberadores del hombre.
Si no, se nos darán movimientos políticos
violentos, agresivos,
de extrema derecha o de extrema izquierda,
pero no nos darán al verdadero hombre.
Es del cristianismo,
de ustedes, queridos hermanos,
comunidades que reflexionan la palabra de Dios
como lo estamos haciendo hoy
para conocer el misterio de Cristo,
de aquí saldrán los verdaderos liberadores
que la patria necesita.

Seamos cristianos actuales;
no nos asustemos
   de las audacias de la Iglesia actual,
y con la luz de Cristo iluminemos
al hombre hasta en sus antros más horrorosos:
   la tortura, la prisión,
   el despojo, la marginación,
   la enfermedad crónica.
El hombre oprimido hay que salvarle,
pero no con una salvación revolucionaria
   solamente a lo humano,
sino con la revolución santa del Hijo del Hombre,
que muere en la cruz
precisamente para limpiar la imagen de Dios,
   que se ha manchado en la humanidad actual
   tan esclavizada, tan egoísta, tan pecadora.

23 DE SEPTIEMBRE DE 1979

Yo creo, hermanos,
que los santos han sido los hombres más ambiciosos,
los que han querido ser grandes de verdad,
y son los únicos verdaderamente grandes;
ni los heroísmos de la tierra pueden llegar
   a las alturas de un santo.
Y eso es lo que yo ambiciono para todos ustedes
y para mí:
   que seamos grandes,
   ambiciosamente grandes,
porque somos imágenes de Dios
y no nos podemos contentar con grandezas mediocres.

23 DE SEPTIEMBRE DE 1979

Pasará esta hora de prueba
y quedará refulgente el ideal
	por el cual murieron tantos cristianos.
Es una noche negra la que estamos viviendo.
Pero el cristianismo vislumbra que tras la noche
	ya fulgura la aurora.
Ya se lleva en el corazón la esperanza que no falla.
¡Va Cristo con nosotros!

23 DE SEPTIEMBRE DE 1979

La persecución es necesaria
para que los que llevan esa esperanza profunda
	en su alma
la sometan a la prueba,
y para que tal vez así se conviertan los incrédulos,
y para que sepan que el horizonte de la historia
	no termina con la vida,
sino que se extiende mucho más allá,
a donde llegan los ideales
	de los verdaderos hijos de Dios.

23 DE SEPTIEMBRE DE 1979

Cuando yo llamo a mis queridos hermanos sacerdotes, comunidades religiosas y agentes de pastoral, al trabajo pastoral, es [para] construir nuestra Iglesia.

Me pregunta alguno: "Y cuando mañana se arreglen las cosas, ¿qué va a hacer la Iglesia?"

Le digo: "Seguirá haciendo lo mismo".

La Iglesia no está haciéndose para oportunismos, sino que está queriendo ser actual, en cada momento, siendo siempre la Iglesia. Dichosa se sentirá si mañana, en un orden más justo, ella no tiene que denunciar tantas injusticias, pero siempre tendrá su trabajo de construirse sobre la base del evangelio.

Este trabajo lo tendremos, haya paz o haya persecución.

23 DE SEPTIEMBRE DE 1979

Yo no me cansaré de señalar que si queremos de veras un cese eficaz de la violencia, hay que quitar la violencia que está a la base de todas las violencias: la violencia estructural, la injusticia social, el no participar los ciudadanos en la gestión pública del país, la represión. Todo eso es lo que constituye la causa primordial. De allí naturalmente brota lo demás.

23 DE SEPTIEMBRE DE 1979

Si un hombre, por la necesidad de la sociedad, es elegido
    para ministro,
    para presidente de la república,
    para arzobispo,
    para servidor,
es servidor del pueblo de Dios.
No hay que olvidarlo.
Y la actitud que hay que tomar en esos cargos
no es decir: "Yo mando,
    y aquí se hace despóticamente lo que yo quiero".
No eres más que un pobre ministro de Dios,
y tienes que estar pendiente de la mano del Señor
    para servir al pueblo según la voluntad de Dios
    y no según tu capricho.

23 DE SEPTIEMBRE DE 1979

Quiero admirar y darle gracias al Señor, porque en ustedes, pueblo de Dios, comunidades religiosas, comunidades eclesiales de base, gente humilde, campesinos, ¡cuántos dones del Espíritu! Si yo fuera un celoso como los personajes del evangelio y de la primera lectura³, diría: "¡Prohíbasele, que no hable, que no diga nada, sólo yo obispo puedo hablar!"

No, yo tengo que escuchar qué dice el Espíritu por medio de su pueblo; y entonces, sí, recibir del pueblo y analizarlo y junto con el pueblo hacerlo construcción de la Iglesia.

Así tenemos que construir nuestra Iglesia, respetando el carisma jerárquico del que discierne, del que unifica, del que lleva a la unidad los diversos carismas variados; y los jerarcas, los sacerdotes, respetando lo mucho que en el pueblo de Dios deposita el Espíritu. Porque muchas veces sucede lo que deseó Moisés: "¡Ojalá todo el pueblo del Señor fuera profeta y recibiera el Espíritu del Señor!"

Yo creo que en nuestra arquidiócesis está pasando esto; es el pueblo que está recibiendo el Espíritu de Dios. Yo cuando visito las comunidades, las respeto y trato de orientar la mucha riqueza espiritual que yo encuentro hasta en la gente más humilde y sencilla.

Esta construcción en la armonía es lo que el Señor nos pide.

30 DE SEPTIEMBRE DE 1979

En este primer punto de mi meditación, procuremos ver cuáles son mis carismas, mis carismas de mi grupo: cuando mire a mi alrededor y vea otros carismas tal vez más llamativos, más hermosos que los que Dios me ha dado a mí, no sentirme envidioso como los discípulos de Jesús o Moisés: "¡Prohíbeselo!"

¡De ninguna manera!

Oigamos más bien a Jesús: "Si profetizan en mi nombre, no pueden estar contra nosotros. Déjenlos".

"Ojalá —dice Moisés— todo el pueblo se sintiera inundado del Espíritu".

De verdad, es la profecía
que se cumplió en nuestro bautismo:
  Por el bautismo todos los que nacemos
  nos incorporamos al gran carisma de la Iglesia.
Vocaciones, carismas, modos de ser:
  ¡qué diferencia más enorme!
A unos nos da vocación de sacerdotes,
  a otro de religioso,
a otro de matrimonio,
  a otros de la vida soltera,
a otros para una profesión,
  a otros para jornaleros.
El mal no está en tal o cual oficio,
sino en [no] saberlo aportar al bien de la comunidad.
Si Dios les da a ustedes la vocación política
y organizan para bien del pueblo,
aprovechen ese don del Señor;
  también es una vocación.
Es una vocación la política.
No todos la tienen,
  y por eso no se puede organizar a todos,
así como yo no puedo empujar a todos,
  "vénganse por el sacerdocio",
o un casado no puede empujar a todos,
  "métanse por el matrimonio",
sino que tienen que buscar su propia vocación.
Respetemos qué le dice Dios a este hombre, a esta mujer,
pero sí entre todos aportemos
  a la unidad bellísima y pluriforme
del Reino de Dios, de la Iglesia.

30 DE SEPTIEMBRE DE 1979

Hago un llamamiento a todos ustedes,
   artífices de tantas familias,
   constructores de tantos hogares:
Que cada familia en El Salvador no sea una rémora
   a los urgentes cambios que necesita la sociedad.
Que ninguna familia, por estar bien ella sola,
   se aísle del conjunto de la sociedad.
Nadie se casa sólo para ser felices los dos:
   el matrimonio tiene una gran función social.
Tiene que ser antorcha que ilumina a su alrededor
   a otros matrimonios,
   caminos de otras liberaciones.
Tiene que salir del hogar el hombre, la mujer,
   capaz de promover después
   en la política, en la sociedad,
   en los caminos de la justicia,
los cambios que son necesarios y que no se harán
   mientras los hogares se opongan.

En cambio, será tan fácil
   cuando, desde la intimidad de cada familia,
   se vayan formando esos niños y esas niñas
que no pongan su afán en tener más,
   sino en ser más;
no en atraparlo todo,
   sino en darse a manos llenas a los demás.
Hay que educarse para el amor.
No es otra cosa la familia que amar,
   y amar es darse.
Amar es entregarse al bienestar de todos,
es trabajar por la felicidad común.

7 DE OCTUBRE DE 1979

La liberación que el cristianismo predica es una liberación de algo que esclaviza para algo que nos hace dignos.

Por eso aquellos que solamente hablan de las esclavitudes, de la parte negativa de la liberación, no tienen toda la fuerza que la Iglesia le puede dar a un hombre. Lucha, sí, contra las esclavitudes de la tierra, contra la opresión, contra la miseria, contra el hambre. Todo esto es cierto, pero, ¿para qué? Para algo.

Como dice San Pablo en una hermosa frase: ser libres para el amor[4]. Ser libres para algo positivo, es esto que Cristo le dice: "Sígueme". Eso es lo más positivo que puede haber.

14 DE OCTUBRE DE 1979

Sigamos a Cristo, creamos en él. Estemos seguros que no le falta a Dios, a Jesucristo, la potencia suficiente para salvar a nuestro pueblo, si nosotros, en vez de darle la espalda como se la dio aquel joven que no tuvo el valor de seguirlo, le decimos como Pedro: "Lo hemos dejado todo, Señor".

¿Qué podemos hacer por este pueblo? Seguramente el Señor nos inspirará lo que conviene hacer. Todas las categorías de El Salvador pueden hacer mucho. Cuando Puebla hace un llamamiento a los técnicos para que pongan en medio de sus adelantos científicos sobre todo la sabiduría, la fe, hace un llamamiento también a los hombres de gobierno, a los del mundo intelectual y universitario, a los científicos, técnicos y forjadores de la sociedad tecnológica, a los empresarios de los medios de comunicación social, a los artistas, a los juristas, a los obreros, a los campesinos, a la sociedad económica, a los economistas, a los militares.

Quiero leer esto:

"A los militares: Les recordamos con Medellín que 'tienen la misión de garantizar las libertades políticas de los ciudadanos, en lugar de ponerles obstáculos'[5]. Que tengan conciencia de su misión: garantizar la paz y la seguridad de todos. Que jamás abusen de la fuerza. Que sean más bien los defensores de la fuerza del derecho. Que propicien también una convivencia libre, participativa y pluralista"[6].

Y concluyo con esta frase de Puebla:

"A todos, por fin, que contribuyan al funcionamiento normal de la sociedad—profesionales liberales, comerciantes—para que asuman su misión en espíritu de servicio al pueblo que de ellos espera la defensa de su vida, de sus derechos y la promoción de su bienestar"[7].

14 DE OCTUBRE DE 1979

El servicio que la Iglesia presta en este momento a los salvadoreños es, ante todo, su propia identidad: ser Iglesia. No es convirtiéndose ella en una fuerza o en una palabra política como va a prestar su ayuda; sería distorsionar su perspectiva, sería falsa su palabra. Ser ella misma, así como cuando una persona sincera lo primero que hace en cualquier situación, agradable o desagradable, es presentarse tal como es, no fingir.

Esto es lo hermoso de la Iglesia, la sinceridad del evangelio: en tiempos de bonanza o en tiempos de persecución, en ambigüedades, en adversidades, ser ella misma. Yo encarezco, y esto es mi afán principal como pastor, que construyamos esta gran afirmación de la Iglesia que es el Reino de Dios, de tal manera que ella no busca pelear con nadie ni halagar a nadie, sino ser ella misma. Estarán bien con ella los que, como ella, propugnen el Reino de Dios en la tierra, y chocarán con ella los que se opongan al Reino de Dios en la tierra.

28 DE OCTUBRE DE 1979

No nos cansemos de denunciar
la idolatría de la riqueza,

que hace consistir la verdadera grandeza del hombre en tener,
y se olvida que la verdadera grandeza es ser.
No vale el hombre por lo que tiene,
sino por lo que es.

4 DE NOVIEMBRE DE 1979

Si tuviera tiempo, analizaríamos aquí el mensaje de Puebla cuando llama a construir la civilización del amor. Sólo me interesa decirles una frase. Muchos creen que este llamamiento del amor es ineficaz, es insuficiente, es débil; y esto es tan real, que algunos de los periodistas que me entrevistan me preguntan mucho esto: "¿Y usted, que predica el amor, cree que el amor puede resolver esto? ¿No cree que no hay más camino que la violencia, si en la historia sólo la violencia es la que ha logrado los cambios?"

Les digo: "Si de hecho ha sido así, es un hecho que el hombre no ha usado todavía la fuerza que lo caracteriza. El hombre no se caracteriza por la fuerza bruta, no es animal. El hombre se caracteriza por la razón y por el amor".

4 DE NOVIEMBRE DE 1979

Quiero asegurarles a ustedes,
y les pido oraciones para ser fiel a esta promesa,
que no abandonaré a mi pueblo,
sino que correré con él todos los riesgos
que mi ministerio exige.

11 DE NOVIEMBRE DE 1979

En la medida en que seamos Iglesia,
es decir, cristianos verdaderos,
encarnadores del evangelio,

en esa medida seremos el ciudadano oportuno,
el salvadoreño que se necesita en esta hora.
Si nos alejamos de esta inspiración de la palabra de Dios,
   podemos ser hombres de coyunturas,
   oportunistas políticos,
pero no seremos el cristiano
que siempre es un forjador de historia.

11 DE NOVIEMBRE DE 1979

Con este pueblo no cuesta ser un buen pastor.
Es un pueblo que empuja a su servicio
a quienes hemos sido llamados
   para defender sus derechos
   y para ser su voz.

18 DE NOVIEMBRE DE 1979

Dios y el hombre hacen la historia.
Dios salva a la humanidad en la historia de su propio pueblo.
La historia de la salvación es la historia de El Salvador,
   cuando los salvadoreños busquemos en nuestra historia
la presencia de Dios Salvador.

18 DE NOVIEMBRE DE 1979

Jamás se puede concebir un catecúmeno, un cristiano, que quiera vivir su fe aisladamente. Tiene que preocuparse por hacer comunidad, tiene que hacer que su comunidad vaya creciendo en profundidad de fe y en extensión misionera.

Tiene que estar inconforme mientras mire tantos bautizados que no han percibido la riqueza de su bautismo. Lo que hacían los apóstoles era, pues, llevar ese tesoro y expandirlo haciendo comunidades, viviendo en comunidad.

Ese sentido comunitario hoy en el país lo necesitamos urgentemente. Hay una confusión a veces entre la comunidad cristiana y el grupo político, y no se sabe distinguir, a veces, porque los miembros de una comunidad no profundizan en su fe, y se confunde.

Yo en mi carta pastoral digo que muchas veces nuestra gente, sobre todo los jóvenes, han llegado más pronto a una madurez política que cristiana. Y le dan a su vida una dimensión más política, como que si fuera la única dimensión de la vida lo político, y no les queda tiempo para lo cristiano, cuando es al revés: lo cristiano es lo primero, y desde lo cristiano hay que buscar cada uno su situación en el país en la vocación que Dios le da.

Si Dios le ha dado vocación política, que la viva, pero como cristiano. Y así tendremos esos hombres que ahora se necesitan, que, madurándose en una comunidad cristiana—madurando en el evangelio, en su fe, en su compromiso con Cristo, en su seguimiento al Señor, que no les permitirá traicionarlo ni en las leyes ni en las maneras del país, la política—vayan luego a ser grandes agentes de las transformaciones que ahora necesita la patria, que necesita más que nunca, pues, de cristianos bien comprometidos con Cristo y de una comunidad que, como pueblo de Dios, sea lo que dice la Biblia, que es como una luz en la montaña.

Hoy, cuando hay tanta confusión, tantos grupos, tantos reclamos, debía de sentirse bien luminosa la comunidad cristiana, dando luz, orientación, a todas esas cosas que suceden en nuestro ambiente[8].

23 DE NOVIEMBRE DE 1979

Para mí es bien impresionante ese momento en que
Cristo está solo frente al mundo representado en Pilato.
La verdad se queda sola;
los mismos seguidores han tenido miedo.

La verdad es tremendamente audaz,
  y solamente los héroes pueden seguir la verdad.
Tanto es así que Pedro,
  que le ha dicho que morirá si es necesario,
  anda huyendo de cobarde,
y está Cristo solo.

No le tengamos miedo de quedarnos solos
si es en honor a la verdad.
Tengamos miedo de ser demagogos y andar
  ambicionando las falsas adulaciones del pueblo.
Si no le decimos la verdad,
estamos cometiendo el peor pecado:
  traicionando la verdad
  y traicionando al pueblo.

Para Cristo es preferible quedarse solo,
pero ante el mundo representado en Pilato poder decir:
  "Todo el que oye mi voz
  es de la verdad"[9].

25 DE NOVIEMBRE DE 1979

"Nos amó"[10]. Ésta es la causa primera. Dios nos amó y su amor se hizo concreción humana en Cristo nuestro Señor.

Y mirar a Cristo frente al enfermo, frente al ciego, frente al inválido, frente al pecador, es la misericordia, es el amor de Dios por los caminos de esta tierra.

¿Quién no se acerca con cariño al amor del Señor en Cristo Jesús? Vive en la tierra y nos ama. Y por ese amor, dice el Apocalipsis: "Nos ha librado de nuestros pecados por su sangre".

Él sabía que el Padre le pedía como precio del perdón su propia sangre, y no tuvo horror a los tremendos padecimientos de Viernes Santo, sino que se entregó.

En su carne iban todas nuestras iniquidades, dice el profeta[11]. Y Dios cobró de él el pecado de nuestra liberación. No hay liberación más profunda que ésta de Cristo.

¡Cómo quedan ridículas las liberaciones que hablan sólo de tener más sueldos, tener más dinero, los mejores precios! Las liberaciones que sólo hablan de cambios políticos, de personajes en el gobierno, son parcelas nada más de la gran liberación, ésta que pagó la raíz de todos nuestros males, de todas nuestra injusticias.

Y si las liberaciones de la tierra no encajan en esta gran liberación del Gran Liberador, Cristo, están muy mutiladas. No son auténticas liberaciones, son partes de liberación.

2 5 D E N O V I E M B R E D E 1 9 7 9

Los momentos cambiarán,
pero el proyecto de Dios será siempre el mismo:
   salvar a los hombres en la historia.
Por eso, la Iglesia,
   encargada de llevar ese proyecto de Dios,
no puede identificarse con ningún proyecto histórico.
La Iglesia no pudo hacerse aliada del Imperio Romano
   ni de Herodes
   ni de ningún rey de la tierra
   ni de ningún sistema político
   ni de ninguna estrategia política humana.
Los iluminará todos,
pero ella se conservará siempre auténticamente
   la que va anunciando la historia de la salvación:
   el proyecto de Dios.

9 D E D I C I E M B R E D E 1 9 7 9

La Iglesia ha nacido de pecadores,
no lo olvidemos, queridos cristianos.
La Iglesia es santa porque lleva el Espíritu de Dios
　　que la anima.
Pero es pecadora y está necesitada de conversión,
porque la componemos nosotros los hombres mal inclinados
　　y a veces con un pasado
　　que tal vez nos avergüenza,
pero que una vez que nos hemos convertido,
tratamos
—tratamos—
de seguir al Señor.
No es que ya lo sigamos con perfección,
　　pero el esfuerzo de seguirlo
hace el verdadero discípulo
　　de nuestro Señor Jesucristo.

16 DE DICIEMBRE DE 1979

No hay hombres de dos categorías.

No hay unos que han nacido para tenerlo todo
　　y dejar sin nada a los demás,
y una mayoría que no tiene nada
　　y que no puede disfrutar la felicidad
que Dios ha creado para todos.

Ésta es la sociedad cristiana
que Dios quiere,
en que compartamos el bien
que Dios ha dado para todos.

16 DE DICIEMBRE DE 1979

La conversión será duradera y profunda si somos capaces de criticar nuestra falsa manera de ver el mundo y a los hombres.

Quiero insistir en esto, hermanos, porque yo creo que lo que hoy más necesita un salvadoreño maduro es sentido crítico.

No estén esperando hacia dónde se inclina el obispo, o qué dicen otros, o qué dice la organización. Cada uno debe ser un hombre, una mujer crítica.

Por sus frutos se conoce el árbol. Miren qué produce, y critiquen, de acuerdo con las obras, al gobierno, a la organización política popular, al partido político, al grupo tal. No se dejen llevar, no se dejen manipular. Son ustedes, el pueblo, el que tiene que dar la sentencia de justicia a lo que el pueblo necesita.

Por eso, cada uno tiene que ver al mundo con sus propios ojos. Y tiene que prescindir del ambiente en que se encuentra. Yo pienso: ¡Cuántas pobres empleadas tienen que pensar como piensan sus señoras! No tiene que ser así; tienen que pensar libremente. Y así se manipulan muchedumbres, porque se les tiene cogido del hambre a mucha gente.

Hay que saber criticar y ver al mundo y a los hombres con criterios propios, y un cristiano tiene que aprender a afinar sus criterios cristianos.

El rico tiene que criticar en su propio ambiente de rico el porqué de su riqueza, y por qué a su lado hay tanta gente pobre. Si es un rico cristiano, ahí encontrará el principio de su conversión, en una crítica personal: ¿Por qué yo rico, y por qué a mi alrededor tantos hambrientos?

16 DE DICIEMBRE DE 1979

Queridos hermanos poderosos de lo económico,
es probable que en estos momentos,
ante la amenaza de una reforma agraria,

haya en ustedes desánimo, temor y quizá odio,
y hasta la decisión de oponerse
  por todos los medios posibles
  a que se lleve a cabo esa reforma.
Probablemente hay algunos
que aun prefieren destruirlo todo,
dañando radicalmente la economía del país
  con tal de no compartirlo
  con quienes por muchos años
  se han aprovechado de su fuerza de trabajo.
La Iglesia, que les ha servido tanto, les dice hoy:
Éste es el momento
de manifestarse como cristianos generosos
  y de amar como Jesús nos ha amado,
  el cual, siendo rico, se hizo pobre por nosotros.

16 DE DICIEMBRE DE 1979

La salvación que predicamos en la Iglesia de Cristo no es otra
que aquella que María creyó e inició al dar su consentimiento y
hacerse fecunda de la salvación de Dios.

Por eso la Iglesia es tan celosa de cuidar esa fe de María, ese
proyecto de Dios en la salvación de los hombres. Y por eso no
tolera que se mezcle con proyectos meramente humanos; los
santifica todos, los penetra todos.

Todo esfuerzo de liberación en los pueblos, solamente será
eficaz y según el corazón de Dios si se deja penetrar de la fe del
proyecto de Dios para salvar a la humanidad.

23 DE DICIEMBRE DE 1979

Habría que buscar al niño Jesús,
no en las imágenes bonitas de nuestros pesebres.
Habría que buscarlo entre los niños desnutridos

que se han acostado esta noche sin tener qué comer,
entre los pobrecitos vendedores de periódicos
que dormirán arropados de diarios allá en los portales.

24 DE DICIEMBRE DE 1979

El gran misterio que Pablo anuncia lo dice con toda claridad en
la epístola que hemos leído hoy: "Se me dio a conocer por revelación el misterio que no había sido manifestado a los hombres
en otros tiempos, como ha sido revelado ahora por el Espíritu a
sus santos apóstoles y profetas", a los encargados de predicar.

¿Cuál es ese misterio? "Que también los gentiles son coheren-
tes, miembros del mismo cuerpo, partícipes de la promesa en Jesucristo por el evangelio"[12]. ¡Ésta es la gran noticia!... También
ustedes, indios de América, son llamados a participar en la herencia de Cristo; también ustedes, negros de África, también ustedes del Asia y de todo el mundo, son llamados.

6 DE ENERO DE 1980

Un llamamiento a la oligarquía. Les repito lo que dije la otra
vez: No me consideren juez ni enemigo. Soy simplemente el
pastor, el hermano, el amigo de este pueblo, que sabe de sus sufrimientos, de sus hambres, de sus angustias.

Y en nombre de esas voces yo levanto mi voz para decir: No
idolatren sus riquezas, no las salven de manera que dejen morir
de hambre a los demás. Hay que compartir para ser felices.

6 DE ENERO DE 1980

El cristiano que se deja llevar por su bautismo llega a ser santo,
héroe. No hay hombre más valioso entre los ciudadanos de un
país que los ciudadanos bautizados cuando son fieles a su bautismo. Éstos son los cristianos salvadoreños que nosotros queremos.

Por eso predicamos así, porque quisiéramos sacudir una rutina que se cierne sobre nuestros bautizados que los hace prácticamente paganos bautizados, paganos idólatras de su dinero, de su poder. ¿Qué bautizados son ésos?

El que quiera llevar la marca del Espíritu y del fuego con que Cristo bautiza, tiene que exponerse a renunciar todo y a buscar únicamente el Reino de Dios y su justicia. El salvadoreño que va marcado con el bautismo de Cristo, que es Espíritu y es fuego, tiene que ser un salvadoreño de esperanzas eternas; no se debe dejar vencer por el pesimismo.

No debe dejar, tampoco, que sus ideales de eternidad y de triunfo en la fe se los agote un proyecto político de la tierra. Tiene que flotar por encima de todas las desesperanzas de los políticos de la tierra la gran esperanza de los salvadoreños bautizados.

13 DE ENERO DE 1980

¡Qué honor pensar que todos ustedes,
    que los tengo delante de mí,
    son Cristo!
Hasta el más humilde campesino
    que está, tal vez, en reflexión
    allá junto a su aparato de radio,
    ¡eres Cristo!,
porque tu bautismo se identificó
con la muerte y la resurrección
del Señor.

13 DE ENERO DE 1980

[En] la homilía más sublime que se ha pronunciado, Cristo, cerrando el libro, dice: "Estas cosas se han cumplido hoy"[13].

Ésa es la homilía: decir que la palabra de Dios no es lectura de tiempos pasados sino palabra viva, espíritu que hoy se está cumpliendo aquí. De allí el esfuerzo de aplicar el mensaje eterno de Dios a las circunstancias concretas del pueblo.

27 DE ENERO DE 1980

La homilía es un discurso de carácter sagrado litúrgico que lleva el corazón del hombre, del oyente, a la fe en Dios, a la alabanza de Dios, a la celebración de la redención que se hace presente en el sacrificio eucarístico.

Predicamos y celebramos. Por eso, la misa no queda completa si sólo venimos a oír y no nos quedamos a la parte eucarística. Lo principal no es la predicación; esto no es más que el camino. Lo principal es el momento en que adoramos a Cristo y nuestra fe se entrega a él. Iluminados con esa palabra, y desde allí, vamos a salir al mundo a realizar esa palabra.

Se oye la palabra, se acomoda a la realidad, se celebra y se alimenta en la vida de Cristo y lleva el compromiso del hombre a su deber, a su hogar, a sus servicios en el mundo para que sea verdaderamente vida según Dios.

27 DE ENERO DE 1980

Conocer a Cristo es conocer a Dios.
Cristo es la homilía
   que nos está explicando continuamente
   que Dios es amor,
   que Dios es fuerza,
   que está sobre él el Espíritu del Señor,
   que él es la Palabra divina,
es la presencia de Dios entre los hombres.

Entonces, Jesucristo y el evangelio
no son dos cosas distintas.
El evangelio no es una biografía de Cristo;
para San Pablo, el evangelio es la fuerza viviente de Dios.
Leer el evangelio no es como leer un libro cualquiera.
Hay que llenarse de fe
y hacer que se destaque vivo Jesucristo,
revelación del Padre;
sentir, aunque sea en silencio,
sin que nadie hable,
en la fe profunda del corazón,
que Cristo es homilía de Dios que me está predicando,
y que estoy tratando de llenarme de esa fuerza divina
que ha venido en Cristo Jesús.

27 DE ENERO DE 1980

CAPÍTULO 9

Buena noticia a los pobres

"Me ha ungido,
me ha enviado para dar la buena noticia a los pobres"[1].

Ésta es la misión de Cristo, llevar la buena noticia
    a los pobres,
    a los que sólo reciben malas noticias,
    a los que no sienten más que el atropello de los poderosos,
    a los que ven pasar por encima de ellos las riquezas
    que hacen felices a otros.
Para éstos viene el Señor,
    para hacerlos felices y decirles:
No ambicionen.
Siéntanse dichosos y ricos
    con el gran don que les trae
    el que, siendo rico, se hizo pobre
    para estar con ustedes.

27 DE ENERO DE 1980

No me canso de decir a todos los hombres, sobre todo a los jóvenes que anhelan la liberación de su pueblo, que admiro su sensibilidad social y política, pero que me da lástima que la gasten por caminos que no son los verdaderos.

La Iglesia les está diciendo: Por este camino, por el de Cristo, pongan todo su empeño, toda su entrega, todo su sacrificio, has-

ta el afán de morir, pero muriendo por la causa de la liberación
verdadera que la ha garantizado aquel que está empapado del
Espíritu de Dios y que no nos puede dar caminos de engaño —
el que puede asumir todas las preocupaciones liberadoras,
reivindicativas, del pueblo, que son gritos que claman hasta
Dios, y que Dios tiene que escucharlos.

Ojalá todos escucháramos también que el gran líder de nuestra liberación es este Ungido del Señor que viene a anunciar la
buena nueva a los pobres, a dar la libertad a los cautivos, a dar
noticia de los desaparecidos, a dar alegría a tantos hogares en
luto, a que la sociedad sea nueva como en los años sabáticos de
Israel.

27 DE ENERO DE 1980

¡Qué hermoso será el día en que una sociedad nueva,
en vez de almacenar y guardar egoísticamente,
se reparta, se comparta y se divida,
y se alegren todos,
porque todos nos sentimos hijos del mismo Dios!
¿Qué otra cosa quiere la palabra de Dios
en este ambiente salvadoreño
sino la conversión de todos
para que nos sintamos hermanos?

27 DE ENERO DE 1980

Vuelvo a decirles, hermanos, lo que una vez les dije,
precisamente ante el temor
    de quedarnos un día sin radio:
El mejor micrófono de Dios es Cristo,
y el mejor micrófono de Cristo es la Iglesia,
y la Iglesia son todos ustedes.

Cada uno de ustedes, desde su propio puesto,
desde su propia vocación
   —la religiosa, el casado,
  el obispo, el sacerdote,
  el estudiante, el universitario,
  el jornalero, el obrero, la señora del mercado—
cada uno en su puesto viva intensamente la fe
y siéntase en su ambiente
verdadero micrófono de Dios, nuestro Señor.

27 DE ENERO DE 1980

Éste es el proyecto de Dios.
No se contradice con los proyectos de la tierra.
Sí se contradice con los pecados
  de los proyectos de la tierra;
pero por eso la Iglesia tiene que predicar
el Reino de Dios:
para arrancar el pecado
  de todos los proyectos de la tierra,
y para animar la construcción de los proyectos
  a la medida del Reino de Dios.
Éste es el gran trabajo
  de los cristianos en la historia.

10 DE FEBRERO DE 1980

No somos políticos,
para confiar en las fuerzas meramente humanas.
Somos ante todo cristianos, y sabemos
que, si el Señor no construye nuestra civilización,
en vano trabajan
  todos los que la construyen.

Por eso sabemos que nuestra fuerza viene de la oración
y de nuestra conversión hacia Dios[2].

17 DE FEBRERO DE 1980

El hombre no se mortifica [durante la cuaresma]
por una enfermiza pasión de sufrir.
Dios no nos ha hecho para el sufrimiento.
Si hay ayunos, si hay penitencias, si hay oración,
es porque tenemos una meta muy positiva,
que el hombre la alcanza con su vencimiento:
la Pascua, o sea, la resurrección,
para que no sólo celebremos a un Cristo
que resucita distinto de nosotros,
sino que durante la cuaresma nos hemos capacitado
para resucitar con él a una vida nueva,
a ser esos hombres nuevos
que precisamente hoy necesita el país.

No gritemos sólo cambios de estructuras,
porque de nada sirven
las estructuras nuevas
cuando no hay hombres nuevos
que manejen y vivan esas estructuras
que urgen en el país.

17 DE FEBRERO DE 1980

En el documento de Puebla está una constatación que nos llena
de esperanza, si de veras la sabemos comprender:

"Palpable es en América Latina la pobreza como sello que marca a las inmensas mayorías, las cuales al mismo tiempo están
abiertas no sólo a las bienaventuranzas y a la predilección del

Padre, sino a la posibilidad de ser los verdaderos protagonistas de su propio desarrollo"[3].

Los pobres son un signo en América Latina. Las mayorías de nuestros países son pobres y por eso están capacitadas para recibir estos dones de Dios, y llenos de Dios ser capaces de transformar sus propias sociedades.

17 DE FEBRERO DE 1980

La existencia, pues, de la pobreza
    como carencia de lo necesario
    es una denuncia.
Hermanos, quienes dicen que el obispo,
    la Iglesia, los sacerdotes
    hemos causado el malestar en el país,
quieren echar polvo sobre la realidad.
Los que han hecho el gran mal
    son los que han hecho posible
tan horrorosa injusticia social en que vive nuestro pueblo.

Los pobres han marcado por eso el verdadero
    caminar de la Iglesia.
Una Iglesia que no se une a los pobres
para denunciar, desde los pobres,
    las injusticias que con ellos se cometen,
no es verdadera Iglesia de Jesucristo.

17 DE FEBRERO DE 1980

Dije [en Lovaina[4]]:
Nuestro mundo salvadoreño no es una abstracción.
No es un caso más de lo que se entiende por "mundo"
    en países desarrollados como el de ustedes.

Es un mundo que en su inmensa mayoría está formado
   por hombres y mujeres pobres y oprimidos;
y de ese mundo de los pobres
decimos que es la clave
   para comprender la fe cristiana,
   la actuación de la Iglesia
   y la dimensión política de esa fe
   y de esa actuación eclesial.

Los pobres son los que nos dicen
qué es el mundo
y cuál es el servicio
   que la Iglesia debe prestar al mundo.

17 DE FEBRERO DE 1980

Permítanme —les dije [en Lovaina]— que desde los pobres de
mi pueblo, a quienes quiero representar, explique brevemente la
situación y actuación de nuestra Iglesia en el mundo en que vivimos. Y comencé a contarles la aventura de nuestra Iglesia aquí
en El Salvador, qué es lo que hacemos.

En primer lugar, nos encarnamos en los pobres. Queremos
una Iglesia que de veras esté codo a codo con el pobre pueblo de
El Salvador, y así notamos que cada vez, en este acercarse al pobre, descubrimos el verdadero rostro del siervo sufriente de
Yahvé. Es allí donde nosotros conocemos más cerca el misterio
del Cristo que se hace hombre y se hace pobre por nosotros.

¿Qué otra cosa hace aquí la Iglesia? Les dije: Anunciar la buena nueva a los pobres, pero no con un sentido demagógico,
como excluyendo a los demás, sino al contrario; aquellos que
secularmente han escuchado malas noticias y han vivido peores
realidades, están escuchando, a través de la Iglesia, la palabra de
Jesús: "El Reino de Dios se acerca. ¡Es vuestro! Dichosos ustedes
los pobres, porque de ustedes es el Reino de Dios"[5].

Y desde allí tiene, también, una buena nueva que anunciar a los ricos: que se conviertan al pobre para compartir con él los bienes del Reino de Dios, que son de los pobres.

Otra cosa hace la Iglesia en El Salvador —les dije—. Es el compromiso de defender a los pobres. Las mayorías pobres de nuestro país encuentran en la Iglesia la voz de los profetas de Israel. Existen entre nosotros los que venden al justo por dinero y al pobre por un par de sandalias; como decían los profetas: los que amontonan violencia y despojo en sus palacios, los que aplastan a los pobres, los que hacen que se acerque un reino de violencia acostados en camas de marfil, los que juntan casa con casa y anexionan campo a campo para ocupar todo el sitio y quedarse solos en el país.[6]

Estos textos de los profetas no son lejanas voces que leemos reverentes en nuestra liturgia; son realidades cotidianas cuya crueldad e intensidad vivimos a diario.

Y por eso —les dije— la Iglesia sufre el destino de los pobres: la persecución. Se gloría nuestra Iglesia de haber mezclado su sangre de sacerdotes, de catequistas y de comunidades con las masacres del pueblo, y haber llevado siempre la marca de la persecución, precisamente porque estorba, se la calumnia y no se quisiera escuchar en ella la voz que reclama contra la injusticia.

1 7   D E   F E B R E R O   D E   1 9 8 0

No es un prestigio para la Iglesia
    estar bien con los poderosos.
Éste es el prestigio de la Iglesia:
    sentir que los pobres la sienten como suya,
    sentir que la Iglesia vive una dimensión en la tierra,
llamando a todos, también a los ricos,
    a convertirse y salvarse desde el mundo de los pobres,
porque ellos son únicamente los bienaventurados.

1 7   D E   F E B R E R O   D E   1 9 8 0

La pobreza es una fuerza de liberación porque, además de ser una denuncia contra el pecado y además de ser una fuerza de espiritualidad cristiana, es en tercer lugar un compromiso.

Cristianos, esta palabra es para mí en primer lugar, que debo dar ejemplo de ser cristiano, y para todos ustedes, queridos hermanos sacerdotes, religiosas y todos ustedes bautizados que se llaman cristianos. Oigan cómo dice Medellín:

> "La pobreza, como compromiso que asume voluntariamente y por amor la condición de los necesitados de este mundo para testimoniar el mal que ella representa y la libertad espiritual frente a los bienes, sigue en esto el ejemplo de Cristo, que hizo suyas todas las consecuencias de la condición pecadora de los hombres y que "siendo rico, se hizo pobre" para salvarnos"[7].

Éste es el compromiso de ser cristiano: seguir a Cristo en su encarnación. Y si Cristo es Dios majestuoso que se hace hombre humilde, hasta la muerte de los esclavos en una cruz, y vive con los pobres, así debe ser nuestra fe cristiana. El cristiano que no quiera vivir este compromiso de solidaridad con el pobre no es digno de llamarse cristiano.

Cristo nos invita a no tenerle miedo a la persecución,
    porque, créanlo, hermanos,
el que se compromete con los pobres
    tiene que correr el mismo destino de los pobres.
Y en El Salvador
ya sabemos lo que significa el destino de los pobres:
    ser desaparecido,
    ser torturado,
    ser capturado,
    aparecer cadáver.

Y aquel que quiere los privilegios de este mundo y no las persecuciones de este compromiso, oiga la antítesis tremenda del evangelio de hoy: "Dichosos vosotros cuando os odien los hombres y os excluyan y os insulten y proscriban vuestro nombre como infame por causa del Hijo del Hombre. Alegraos ese día y saltad de gozo, porque vuestra recompensa será grande en el cielo"[8].

Yo quiero felicitar con inmensa alegría y gratitud a los sacerdotes, precisamente cuanto más comprometidos con los pobres, más difamados; precisamente cuanto más comprometimos con la miseria de nuestro pueblo, más calumniados.

Quiero alegrarme con los religiosos y las religiosas comprometidas con este pueblo hasta el heroísmo de sufrir con él, con las comunidades cristianas, con los catequistas, que, mientras huyen los cobardes, se quedan en el puesto.

Y a los que quieren huir las consecuencias de la persecución, de la calumnia, de la humillación, oigan lo que Cristo ha dicho este domingo:

¡Ay de vosotros cuando todo el mundo hable bien de vosotros! ¡Eso es lo que hacían vuestros padres con los falsos profetas![9]

17 DE FEBRERO DE 1980

Cabalmente porque hoy era cuando más necesitábamos el instrumento que llevaba la palabra de Dios desde nuestra misa dominical, la querida [radioemisora] YSAX, es por lo que más la sentimos. Todos saben cómo el lunes pasado fue destruida la planta de esa emisora al explotar una bomba puesta por un grupo de ultraderecha.

Este nuevo atentado es una grave violación a la libertad de expresión. Con ese atentado se pretende querer callar a la voz profética y pastoral de la arquidiócesis precisamente porque está tratando de ser voz de los que no tienen voz, porque ha estado denunciando la sistemática violación de los derechos humanos, porque ha estado tratando de decir la verdad, defender la justicia y difundir el mensaje cristiano, que desde la época de Jesús escandalizó a los poderosos de su tiempo y, como ahora también, sólo fue escuchado y aceptado por los pobres y los sencillos.

24 DE FEBRERO DE 1980

Le mandaba Moisés al ciudadano de Israel que cuando recogiera la cosecha de su campo llevara al templo una primicia y la ofreciera a Dios con esta plegaria, donde está el credo de Israel:

> "Entonces tú dirás ante el Señor, tu Dios: 'Mi padre fue un arameo errante que bajó a Egipto y se estableció allí con unas pocas personas. Luego creció hasta convertirse en una raza grande, potente y numerosa. Los egipcios nos maltrataron y nos oprimieron y nos impusieron una dura esclavitud. Entonces clamamos al Señor, Dios de nuestros padres. El Señor escuchó nuestra voz, miró nuestra opresión'"[10].

Y describe aquí cómo los sacó de Egipto por el desierto para darles una patria, una tierra prometida.

El credo de Israel, pura historia. Credo que comienza en la promesa a los patriarcas, promesas increíbles: un anciano al que le promete que va a tener un pueblo numeroso, y no tenía hijos y era estéril; un pueblo que crece bajo la esclavitud y que Dios les dice que les va a dar una tierra prometida donde mana leche y miel. Y ese pueblo sale hacia la tierra prometida; y cuando aquélla es una realidad, las frutas de la tierra son la expresión de que Dios ha cumplido su promesa. Y la ofrece, esa ofrenda de esa misa de Israel, como nuestro ofertorio, para darle gracias por nuestra tierra, por nuestra patria, y para recordar que Dios no abandona al pueblo.

Bonito credo de verdad. Por eso los israelitas no tenían una fe vaporosa, como muchos cristianos que creen que cuando se habla de estas cosas es meterse la Iglesia en política. La fe de Israel era la fe de su propia política, era la fe y la política convertida en un solo acto de amor al Señor. Era una política inspirada en las gracias, en las promesas de Dios.

Y el Dios de todos los pueblos, también el Dios de El Salvador, tiene que ser un Dios así: que va iluminando también la política. Él es el que nos da nuestros campos, él es el que quiere la transformación agraria, él es el que quiere un reparto más justo de los bienes que El Salvador produce. No es justo que unos amalgamen en sus arcas y el pueblo se quede sin esos dones de Dios que ha dado para el pueblo.

Ese credo de Israel lo inspiró, pues, el Espíritu Santo. El Espíritu Santo le da unidad a toda la historia de Israel. Por eso la Biblia, que es la historia de ese pueblo, aparece como el libro del Espíritu Santo. Aunque lo han escrito hombres de diversos siglos y de diversas culturas, es el Espíritu Santo el que va escribiendo esas páginas de la historia de Israel que es la Biblia, modelo de todas las historias de todos los pueblos.

Por eso, todos los pueblos tenemos que leer la Biblia y aprender en ella las relaciones entre la fe y la política. La Biblia es el libro modelo para aprender allí a vivir esa relación maravillosa de la fe y política. Por eso, cuando el Espíritu Santo lleva los tiempos de Israel hasta su plenitud y ya nace Cristo por obra del Espíritu Santo, ese Cristo comienza a formar un nuevo pueblo. Somos nosotros los cristianos.

Y aquí surge otra vez el pueblo. Somos obra del Espíritu Santo. La historia de la salvación la va haciendo Dios en la historia de cada pueblo. Y por eso un pueblo no se puede comparar con otro pueblo, y ningún imperio tiene que venir a influir en el modo de ser de nuestro pueblo. El Dios de los grandes imperios es el Dios que está reclamando allá la justicia de los poderosos y defendiendo a los pobres de aquel pueblo. Ya tiene bastante que hacer allá. Y el Dios de nuestros pueblos pobres también está construyendo la historia de la salvación con historia salvadoreña y no con historias postizas.

La historia que el Espíritu Santo anima, tiene para el pueblo cristiano un motivo maravilloso, y se llama la resurrección. El Espíritu que resucitó a Cristo nos ha dado en ese Cristo resucitado el modelo de la historia. Hacia allá tienen que caminar todas las historias, a hacer hombres que, después de vivir con su cruz a cuestas, resuciten a la libertad que ya se debe de saborear también en esta tierra, pero que no se tendrá definitiva hasta que disfrutemos la plenitud del Reino de Dios.

No quiere decir esto que vamos a dejar la liberación del pueblo para más allá de la muerte. Estoy diciendo que Cristo resucitado pertenece ya a la historia presente y que es fuente de libertad y de dignidad humana. Y que por eso precisamente celebramos la cuaresma como preparación para la Pascua, para que desde nuestra situación salvadoreña, viviendo nuestra cuaresma salvadoreña, los salvadoreños disfrutemos la vida nueva de Cristo resucitado, buscando un país más justo, más fraternal, donde se viva más intensamente la vida de Dios que Cristo ha traído y que nos da por su misterio pascual.

La cuaresma, entonces, y la Pascua son nuestras, y así puede decir cada pueblo. Y Cristo es nuestro, Cristo es salvadoreño para los salvadoreños. Cristo ha resucitado aquí en El Salvador para nosotros, para buscar desde la fuerza del Espíritu nuestra propia idiosincrasia, nuestra propia historia, nuestra propia libertad, nuestra propia dignidad de pueblo salvadoreño.

24 DE FEBRERO DE 1980

Cualquiera que sea la organización que se quiera atribuir [el atentado contra la radioemisora], eso no nos importa. Lo que nos importa es que en último término los responsables son los miembros de la oligarquía, que en estos momentos está desesperada y ciegamente está queriendo reprimir al pueblo. Este hecho de haber dinamitado la YSAX es todo un símbolo. ¿Qué significa? La oligarquía, al ver que existe el peligro de que pierda el completo dominio que tiene sobre el control de la inversión, de la agro-exportación, y sobre el casi monopolio de la tierra, está defendiendo sus egoístas intereses, no con razones, no con apoyo popular, sino con lo único que tiene: dinero que le permite comprar armas y pagar mercenarios que están masacrando al pueblo y ahogando toda legítima expresión que clama justicia y libertad.

Por eso estallan todas las bombas manejadas bajo ese signo, [como] la de la UCA[11]. Por ello también han asesinado a tantos campesinos, estudiantes, maestros, obreros y demás personas organizadas.

24 DE FEBRERO DE 1980

Ayer, cuando un periodista me preguntaba
   dónde encontraba yo mi inspiración
   para mi trabajo y mi predicación, le decía:
"Es bien oportuna su pregunta, porque cabalmente
   vengo saliendo de mis ejercicios espirituales.
Si no fuera por esta oración y esta reflexión
   que trato de mantener, unido con Dios,
no sería yo más que lo que dice San Pablo:
una lata que suena".

2 DE MARZO DE 1980

Esta cuaresma, celebrada entre sangre y dolor entre nosotros, tiene que ser presagio de una transfiguración de nuestro pueblo, de una resurrección de nuestra nación. Por eso nos invita la Iglesia, en el sentido moderno de la penitencia, del ayuno, de la oración—prácticas eternas cristianas—a adaptarlas a las situaciones de los pueblos.

No es lo mismo una cuaresma donde hay que ayunar en aquellos países donde se come bien, que una cuaresma entre nuestros pueblos del Tercer Mundo, desnutridos, en perpetua cuaresma, en ayuno siempre. En estas situaciones, a los que comen bien, la cuaresma es un llamamiento a la austeridad, a desprenderse para compartir con los que tienen necesidad. En cambio, en los países pobres, en los hogares donde hay hambre, debe de celebrarse la cuaresma como una motivación para darle un sentido de cruz redentora al sacrificio que se vive, pero no para un conformismo falso que Dios no lo quiere, sino para que, sintiendo en carne viva las consecuencias del pecado y de la injusticia, se estimule a un trabajo por una justicia social y un amor verdadero a los pobres. Nuestra cuaresma debe despertar el sentimiento de esa justicia social.

Hacemos un llamamiento entonces para que nuestra cuaresma la celebremos así, dándole a nuestros sufrimientos, a nuestra sangre, a nuestro dolor, el mismo valor que Cristo le dio a su situación de pobreza, de opresión, de marginación, de injusticia, convirtiendo todo eso en la cruz salvadora que redime al mundo y al pueblo. Y hacer un llamamiento también para que, sin odio para nadie, nos convirtamos a compartir consuelos y también ayudas materiales, dentro de nuestras pobrezas, junto con quienes tal vez necesitan más.

2 DE MARZO DE 1980

Procuremos, hermanos, que Cristo esté en medio de nuestro proceso popular. Procuremos que Cristo no se aleje de nuestra historia.

Esto es lo que más interesa en este momento de la patria, que Cristo sea gloria de Dios, poder de Dios, y que el escándalo de la cruz y del dolor no nos haga huir de Cristo, botar el sufrimiento, sino abrazarlo.

2 DE MARZO DE 1980

Es la hora de los proyectos políticos en El Salvador, proyectos políticos que no valen nada mientras no traten de reflejar el proyecto de Dios.

Y la misión del pastor, la misión de la Iglesia, no es entrar en competencias proponiendo un proyecto más, sino, con la autonomía y la libertad de los hijos de Dios y del evangelio, señalar lo bueno que puede haber en cada proyecto para animarlo y denunciar lo malo que puede haber en cualquier proyecto para acabar con él.

2 DE MARZO DE 1980

No puede haber verdadera liberación
   mientras no se libera el hombre del pecado.
Debían tenerlo en cuenta todos los grupos liberadores
   que surgen en nuestra patria:
que la primera liberación que tiene que propiciar
   una agrupación política
   que de veras quiere la liberación del pueblo
tiene que ser
liberarse él mismo de su propio pecado.
Y mientras sea esclavo del pecado
   —del egoísmo, de la violencia,
   de la crueldad, del odio—
no es apto para la liberación del pueblo.

2 DE MARZO DE 1980

La Iglesia en el continente latinoamericano
tiene mucho que decir acerca del hombre,
sobre todo cuando mira al hombre en ese triste desfile
que presentó Puebla:
rostros de campesinos sin tierras,
ultrajados y matados por las fuerzas y el poder;

rostros de obreros despedidos sin causa,
sin paga suficiente para sostener sus hogares;
rostros de ancianos,
rostros de marginados,
rostros de habitantes de los tugurios;
rostros de niños pobres,
que ya desde la infancia comienzan a sentir
la mordida cruel de la injusticia social.
Y para ellos parece que no hay porvenir,
para ellos no habrá escuelas ni colegios ni universidad.
¿Con qué derecho nosotros hemos catalogado
a hombres de primera clase
y a hombres de segunda clase,
cuando en la teología del hombre
sólo hay una clase de los hijos de Dios?

2 DE MARZO DE 1980

No pensemos, hermanos, que nuestros muertos
    se han apartado de nosotros.
Su cielo, su recompensa eterna,
    los perfecciona en el amor.
Siguen amando las mismas causas
    por las cuales murieron,
lo cual quiere decir que en El Salvador
    esta fuerza liberadora
no sólo cuenta con los que van quedando vivos,
sino que cuenta con todos
aquellos que los han querido matar,
y que están más presentes que antes
    en este proceso del pueblo.

2 DE MARZO DE 1980

Hoy se necesita mucho el cristiano activo, crítico,
que no acepta las condiciones sin analizarlas
   internamente y profundamente.
Ya no queremos masas de hombres
   con las cuales se ha jugado tanto tiempo.
Queremos hombres que, como higueras productivas,
sepan decir sí a la justicia, no a la injusticia,
y sepan aprovechar el don precioso de la vida.
Lo sepan aprovechar cualquiera que sea la situación.

9 DE MARZO DE 1980

Nada hay tan importante para la Iglesia
   como la vida humana,
   como la persona humana.
Sobre todo, la persona de los pobres y oprimidos
que, además de ser seres humanos,
son también seres divinos,
por cuanto en ellos, dijo Jesús,
que todo lo que con ellos se hace
él lo recibe como hecho a él.
Y esa sangre,
la sangre, la muerte, están más allá de toda política.
Tocan el corazón mismo de Dios.

16 DE MARZO DE 1980

Yo les invito, hermanos, como pastor, a que escuchen
   mis palabras como un eco imperfecto, tosco.
Pero no se fijen en el instrumento;
fíjense en el que lo manda decir
   del amor infinito de Dios:
¡Conviértanse! ¡Reconcíliense!

¡Ámense!
¡Hagan un pueblo de bautizados,
  una familia de hijos de Dios!
Quienes creen que mi predicación es política,
  que provoca a la violencia,
como si yo fuera el causante
  de todos los males en la república,
olvidan que la palabra de la Iglesia
no está inventando los males
  que ya existen en el mundo,
sino iluminándolos.
La luz ilumina lo que existe;
  no lo crea.
El gran mal ya existe,
y la palabra de Dios quiere deshacer esos males,
y los señala como una denuncia necesaria
  para que los hombres vuelvan a los buenos caminos.

16 DE MARZO DE 1980

En este momento en que la tierra de El Salvador es objeto de conflictos, no olvidemos que la tierra está muy ligada a las bendiciones y a las promesas de Dios.

El hecho es que Israel ya tiene tierra propia[12]. "Toda esta tierra la daré", le había dicho Dios a los patriarcas; y después del cautiverio, conducidos por Moisés y Josué, aquí está la tierra. Por eso se celebra una gran liturgia de acción de gracias, la primera Pascua de Israel, que ya nos llama a nosotros a celebrar con igual gratitud, adoración, reconocimiento, al Dios que nos salva, que nos ha sacado también de las esclavitudes. El Dios en quien ponemos nuestra esperanza para nuestras liberaciones es el Dios de Israel, que está recibiendo este día la celebración de la primera Pascua.

Hay un sentido teológico entre la reconciliación y la tierra. Y yo quiero subrayar esta idea, hermanos, porque me parece muy oportuna. No tener tierra es consecuencia del pecado. Adán saliendo del paraíso, hombre sin tierra, es fruto del pecado. Hoy, Israel, perdonado por Dios, regresando a la tierra, comiendo ya espigadas de su tierra, frutos de su tierra —Dios [lo] bendice en el signo de la tierra.

La tierra tiene mucho de Dios, y por eso gime cuando los injustos la acaparan y no dejan tierra para los demás. Las reformas agrarias son una necesidad teológica; no puede estar la tierra de un país en unas pocas manos. Tiene que darse a todos, y que todos participen de las bendiciones de Dios en esa tierra, que cada país tiene su tierra prometida en el territorio que la geografía le señala.

Pero debíamos de ver siempre—y no olvidarlo nunca—esta realidad teológica, de que la tierra es un signo de la justicia, de la reconciliación. No habrá verdadera reconciliación de nuestro pueblo con Dios mientras no haya un justo reparto, mientras los bienes de la tierra de El Salvador no lleguen a beneficiar y hacer felices a todos los salvadoreños.

16 DE MARZO DE 1980

Dios en Cristo vive cerquita de nosotros.
Cristo nos ha dado una pauta:
　"Tuve hambre y me diste de comer".
Donde haya un hambriento, allí está Cristo muy cerca.
　"Tuve sed y me diste de beber".
Cuando alguien llega a tu casa pidiéndote agua,
　es Cristo, si tú miras con fe.
En el enfermo que está deseando una visita, Cristo te dice:
　"Estuve enfermo y me viniste a visitar".
　O en la cárcel[13].

¡Cuántos se avergüenzan hoy
de dar su testimonio a favor del inocente!
¡Qué terror se ha sembrado en nuestro pueblo,
que hasta los amigos
traicionan al amigo
cuando lo ven en desgracia!
Si viéramos que es Cristo el hombre necesitado
—el hombre torturado,
el hombre prisionero,
el asesinado—
y en cada figura de hombre,
botadas tan indignamente por nuestros caminos,
descubriéramos a ese Cristo botado,
medalla de oro que recogeríamos con ternura
y la besaríamos
y no nos avergonzaríamos de él.

¡Cuánto falta para despertar en los hombres de hoy,
sobre todo en aquellos que torturan y matan
y que prefieren sus capitales al hombre,
de tener en cuenta que de nada sirven
todos los millones de la tierra!
Nada valen por encima del hombre.
El hombre es Cristo.
Y en el hombre, visto con fe y tratado con fe,
miramos a Cristo el Señor.

16 DE MARZO DE 1980

Tratar de descubrir a ese Cristo
es nuestro gran trabajo pastoral;
y si yo refiero aquí cosas de la tierra
o de la política,

es en función de acercar hacia Cristo la reflexión.
Yo quisiera que se me entendiera bien,
    para que no se tuviera una mala idea de estas misas
    que, lejos de ser un mitin,
quieren ser un acercar al pueblo hacia Cristo,
    hacia Dios.
Y así lo comprenden los muchos testimonios que recibo;
me dan un gran consuelo
    de que de verdad se viene a la Iglesia el domingo
    a buscar a Cristo.
También en las realidades criminales de nuestra tierra,
allí está Cristo,
    rechazando todo eso;
por eso hay que recordarlo también aquí.

16 DE MARZO DE 1980

Me da más lástima que cólera
    cuando me ofenden y me calumnian.
Me da lástima de esos pobres cieguitos
    que no ven más allá de la persona.
Que sepan que no guardo ningún rencor,
    ningún resentimiento,
ni me ofenden todos esos anónimos
    que suelen llegar con tanta rabia,
    o que se pronuncian por otros medios
    o que se viven en el corazón.
Y no es una lástima de superioridad;
es una lástima de agradecimiento a Dios
    y de súplica a Dios:
Señor, ábreles los ojos.
Señor, que se conviertan.
Señor, que en vez de estar viviendo esa amargura

de odio que viven en su corazón,
vivan la alegría de la reconciliación contigo.

16 DE MARZO DE 1980

Éste es el pensamiento fundamental de mi predicación:
Nada me importa tanto como la vida humana.
Es algo tan serio y tan profundo,
    más que la violación de cualquier otro derecho humano,
porque es vida de los hijos de Dios;
y porque esa sangre no hace sino negar el amor,
    despertar nuevos odios,
        hacer imposible la reconciliación y la paz.

16 DE MARZO DE 1980

Ya de por sí la Pascua es grito de victoria,
que nadie puede apagar aquella vida que Cristo resucitó,
y que ya la muerte
    ni todos los signos de muerte ni de odio contra él
    ni contra su Iglesia podrán vencer.
¡Él es el victorioso!

Pero, que así como florecerá
    en una Pascua de Resurrección inacabable,
es necesario acompañarlo también en una cuaresma,
    en una Semana Santa,
que es cruz, sacrificio, martirio.
Y, como él, decir:
Dichosos los que no se escandalizan de su cruz.

La cuaresma, pues, es un llamamiento
    a celebrar nuestra redención
    en ese difícil complejo de cruz y de victoria.
Nuestro pueblo actualmente está muy capacitado;

todo su ambiente nos predica su cruz.
Pero los que tienen fe y esperanza cristiana
saben que detrás de este calvario de El Salvador
   está nuestra Pascua,
    nuestra resurrección.
Y ésa es la esperanza del pueblo cristiano.

23 DE MARZO DE 1980

Yo no tengo ninguna ambición de poder,
y por eso con toda libertad
le digo al poder
   lo que está bueno y lo que está malo;
y a cualquier grupo político le digo también
   lo que está bueno y lo que está malo.
Es mi deber.

23 DE MARZO DE 1980

El proyecto de Dios para liberar al pueblo es trascendente. La trascendencia le da a la liberación su dimensión verdadera y definitiva. Yo creo que hasta repito demasiado esta idea, pero no me cansaré de hacerlo, porque corremos mucho el peligro de querer salir de las situaciones inmediatas con resoluciones inmediatas, y nos olvidamos que los inmediatismos pueden ser parches pero no soluciones verdaderas. La solución verdadera tiene que encajar en el proyecto definitivo de Dios. Toda la solución que queramos dar a una mejor distribución de la tierra, a una mejor administración del dinero en El Salvador, a una organización política acomodada al bien común de los salvadoreños, tendrá que buscarse siempre en el conjunto de la liberación definitiva.

23 DE MARZO DE 1980

"El Reino está ya misteriosamente presente
  en nuestra tierra;
cuando venga el Señor, se consumará su perfección"[14].

Ésta es la esperanza que nos alienta a los cristianos.
Sabemos que todo esfuerzo por mejorar una sociedad,
  sobre todo cuando está tan metida esa injusticia
  y el pecado,
es un esfuerzo que Dios bendice,
  que Dios quiere,
  que Dios nos exige[15].

24 DE MARZO DE 1980

Notas

CAPÍTULO 1

[1] El día 22 de febrero de 1977, Oscar Romero fue investido como arzobispo de San Salvador. Varios sacerdotes ya habían sido expulsados del país, y los medios de difusión estaban atacando la Iglesia de la arquidiócesis. El 12 de marzo, el pastor de la parroquia de Aguilares, Rutilio Grande, y dos de sus parroquianos que lo acompañaban fueron asesinados. Esta selección está tomada de la homilía de su funeral.

[2] Mateo 25, 40.

[3] A mediados de mayo las fuerzas militares asaltaron el pueblo de Aguilares (la parroquia del padre Rutilio Grande, asesinado en marzo), mataron a decenas de gente, profanaron la Iglesia y la eucaristía y deportaron a los tres sacerdotes presentes. Ocuparon la parroquia y prohibieron al arzobispo visitarla. El 19 de junio los edificios de la parroquia habían sido devueltos a la Iglesia. Mons. Romero designó un nuevo equipo de párrocos formado por un sacerdote y tres religiosas. A la misa de instalación asistieron miles de personas.

[4] Lucas 9, 23.

[5] Eclesiástico 31, 10.

[6] Jeremías 38, 4.

[7] Ver: Jeremías 20, 7–10.

[8] Lucas 1, 49.

[9] Exodo 3, 7.

[10] Lucas 12, 51.

[11] Lucas 21, 18-19.

[12] Lucas 23, 35-43.

[13] Mons. Romero predicó esta homilía en una misa que celebró para madres y otros familiares de personas desaparecidas.

[14] Romanos 8, 28.

[15] Mons. Romero predicó esta homilía en una misa en que confirió el sacramento de la confirmación.

[16] Mateo 28, 20.

[17] Mateo 16,18.

[18] Homilía para la ordenación de dos sacerdotes.

CAPÍTULO 2

[1] El 12 de diciembre es la fiesta de Nuestra Señora de Guadalupe, patrona de la América Latina. En 1531, un indio, Juan Diego, avisó que María se le había aparecido, y mostró la imagen de ella en el manto. El manto se venera ahora en la Basílica de Guadalupe en México. Mons. Romero predicó esta homilía para la fiesta de la Virgen de Guadalupe en la iglesia del mismo nombre en San Salvador.

[2] Fueron asesinados el Padre Rutilio Grande el 12 de marzo de 1977, y el Padre Alfonso Navarro el 11 de mayo de 1977.

[3] Mateo 25, 41; Lucas 9, 26.

[4] Isaías 9, 2.

[5] Lecturas para la fiesta de la Epifanía (o Manifestación) de Jesucristo: Isaías 60, 1-6; Efesios 3, 2–3. 5–6; Mateo 2, 1–12.

[6] Lucas 15, 31.

[7] Marcos 2, 27.

[8] Pablo VI, *Populorum progressio*, 20.

[9] Ver: Mateo 4, 12–17.

[10] Ver: Mateo 4, 15–16; Isaías 9, 1–2.

[11] Sofonías 3, 12.

[12] Mateo 5, 1–12.

[13] Lecturas dominicales: Isaías 58, 7–10; 1 Corintios 2, 1–5; Mateo 5, 13–16.

[14] 1 Corintios 2, 3.

[15] 1 Corintios 2, 1–2.

[16] Juan 4, 23–24.

CAPÍTULO 3

[1] Mateo 16, 24.

[2] Hechos 5, 29.

[3] Esta columna de periódico, que Mons. Romero escribió para el semanario arquidiocesano, alude a ataques hechos contra él y contra la arquidiócesis en los medios de comunicación propiedad de miembros de la oligarquía salvadoreña. Comentaristas de la prensa y la radio y anunciadores pagados lo atacaron a menudo, acusándolo de desviarse de los preceptos católicos y de apoyar a comunistas y terroristas, por defender los derechos de los pobres.

[4] Hechos 2, 23.

[5] 1 Pedro 3, 15.

[6] Exodo 3, 12.

[7] Juan 3, 18.

[8] De una columna de periódico.

[9] Mateo 18, 7.

[10] Génesis 4, 10.

[11] Una columna de periódico.

[12] Constitución pastoral sobre la Iglesia en el mundo actual, 74, Concilio Vaticano II.

[13] Ibid.

[14] Ver: Pablo VI, *Populorum progressio.*

[15] Lecturas dominicales: Oseas 6, 3–6; Romanos 1, 18–25; Mateo 9, 9–13.

[16] Génesis 12, 1.

[17] Mateo 11, 25–26.

[18] Lucas 4, 18.

[19] Mateo 13, 1–23.

[20] Romanos 8, 18.

[21] Sabiduría 12, 13. 16–19.

[22] Hechos 5, 29.

[23] Mateo 13, 24–43.

CAPÍTULO 4

[1] Ver: Romanos 8, 26–27.

[2] Una columna de periódico.

[3] El Salvador celebra la Fiesta de la Transfiguración, el 6 de agosto, como el día de su patrono, el Divino Salvador del Mundo. Lecturas: Daniel 7, 9–10. 13–14; 2 Pedro 1, 16–19; Mateo 17, 1–9.

[4] Constitución dogmática sobre la divina revelación, 3, Concilio Vaticano II.

[5] Mateo 23, 8.

[6] Paz, 15. En el año 1968, se reunieron los obispos latinoamericanos en Medellín, Colombia, con el fin de estudiar la mejor forma de aplicar las recomendaciones del Concilio Vaticano II (1962–1965) en los países de América

Latina. La conferencia de Medellín señala un momento decisivo en la historia de la Iglesia de Latinoamérica, ya que sus conclusiones llamaron la atención del mundo entero sobre la miseria de grandes sectores de los pueblos hispanoamericanos, y la urgencia de que se efectúen cambios amplios y profundos en las condiciones sociales.

[7] Romanos, 12, 1–2.

[8] Mateo 18, 15–20.

[9] Ezekiel 33, 7–9.

[10] Mateo 18, 20.

[11] Romanos 13, 8–10.

[12] Lecturas dominicales: Isaías 55, 6–9; Filipenses 1, 20–24. 27; Mateo 20, 1–16.

[13] Ver: Filipenses 1,13.

[14] Filipenses 4, 8.

CAPÍTULO 5

[1] Isaías 25, 7–8.

[2] Una columna de periódico.

[3] Constitución pastoral sobre la Iglesia en el mundo actual, 19, Concilio Vaticano II.

[4] Ibid.

[5] Ibid.

[6] Ibid.

[7] Bloque Popular Revolucionario, agrupación política.

[8] Lucas 4, 18.

[9] Lucas 1, 53.

[10] Lecturas dominicales: Isaías 40, 1–5. 9–11; 2 Pedro 3, 8–14; Marcos 1, 1–8.

[11] De una columna de periódico.

[12] 1 Tesalonicenses 5, 16–17.

[13] 1 Tesalonicenses 5, 24.

[14] 1 Tesalonicenses 5, 19.

[15] 1 Tesalonicenses 5, 21.

[16] Mateo 8, 5–13; Lucas 7, 2–10.

[17] Ver: Salmo 104, 30.

[18] Ver: Constitución pastoral sobre la Iglesia en el mundo actual, 22.

[19] Lucas 2, 11. 14.

[20] Mons. Romero se refiere a la conferencia general episcopal latinoamericana en Medellín en 1968, la cual decía en *Familia y demografía*, 6: "Sabemos que muchas familias en América Latina han sido incapaces de ser educadoras en la fe, o por no estar bien constituidas o por estar desintegradas; otras porque han dado esta educación en términos de mero tradicionalismo, a veces con aspectos míticos y supersticiosos. De ahí la necesidad de dotar a la familia actual de elementos que le restituyan su capacidad evangelizadora, de acuerdo con la doctrina de la Iglesia".

[21] Lucas 2, 34.

[22] La conferencia de obispos latinoamericanos reunida en Puebla, México, en el año 1979 tuvo por objeto complementar la conferencia de Medellín (ver: cap.4, nota 6; cap. 5, nota 20).

CAPÍTULO 6

[1] Fragmento de la homilía predicada en la misa funeral del padre Octavio Ortiz y cuatro jóvenes asesinados por fuerzas de seguridad que atacaron una casa de retiros donde un grupo juvenil estaba reunido. Miles de personas se reunieron en el atrio de la catedral para la misa en la mañana del domingo. "En la tarde de tu vida te juzgarán por el amor" es una paráfrasis de palabras de San Juan de la Cruz.

[2] Conferencia de prensa, Puebla, México. Mons. Romero asistió a la conferencia de los obispos latinoamericanos en Puebla, 27 de enero a 13 de febrero de 1979.

[3] Parte de la primera homilía dominical de Mons. Romero después de regresar de la conferencia de Puebla, en que los obispos de Latinoamérica expresaron la opción por los pobres.

[4] Ver: Mateo 25, 31–46.

[5] Éxodo 19, 8. 24, 3.

[6] Éxodo 20, 13.

[7] Ver: Mateo 5, 21–22.

[8] Lecturas dominicales: Jeremías 31, 31–34; Hebreos 5, 7–9; Juan 12, 20–33.

[9] De una columna del periódico.

[10] Ver: Juan 13, 35.

[11] Lecturas dominicales: Hechos 10, 34. 37–43; Colosenses 3, 1–4; Juan 20, 1–9.

[12] Lecturas dominicales: Hechos 4, 32–35; 1 Juan 5, 1–6; Juan 20, 19–31.

[13] Entrevista en *Vida Nueva*.

CAPÍTULO 7

[1] Misa por el padre Rafael Palacios, muerto el 20 de junio, el quinto sacerdote asesinado mientras Mons. Oscar Romero fue arzobispo de San Salvador.

[2] Mensaje a los Pueblos de América Latina, 3; Mateo 25, 40.

[3] 2 Corintios 8, 14.

[4] Lecturas dominicales: Ezequiel 2, 2–5; 2 Corintios 12, 7–10; Marcos 6, 1–6.

[5] Una columna de periódico.

[6] Evangelización en el mundo moderno, 48.

[7] Lecturas dominicales: Amós 7, 12–15; Efesios 1, 3–14; Marcos 6, 7–13.

[8] Génesis 1, 28.

[9] Lecturas dominicales: Jeremías 23, 1–6; Efesios 2, 13–18; Marcos 6, 30–34.

[10] Ver: Gálatas 5, 13.

[11] En sus homilías dominicales, Mons. Romero siempre incluía un comentario de los hechos de la semana pasada.

[12] Mateo 11, 25.

[13] Una columna de periódico.

[14] Marcos 7, 7.

[15] Mateo 21, 13.

[16] Santiago 1, 21.

CAPÍTULO 8

[1] Ver: Deuteronomio 4, 1. Aplausos interrumpieron a Mons. Romero en este momento.

[2] Mateo 25, 40.

[3] Lecturas dominicales: Números 11, 25–29; Santiago 5, 1–6; Marcos 9, 37–42. 46–47.

[4] Ver: Gálatas 5, 13.

[5] Medellín, Pastoral de las elites, 20.

[6] Puebla, 1247.

[7] Puebla, 1249.

[8] Homilía a los catequistas y responsables de las comunidades neocatecumenales.

[9] Lecturas dominicales: Daniel 7, 13-14; Apocalipsis 1, 5-8; Juan 18, 33-37.

[10] Apocalipsis 1, 5.

[11] Isaías 53, 4-6.

[12] Efesios 3, 2-6.

[13] Lucas 4, 21.

CAPÍTULO 9

[1] Lucas 4, 18.

[2] Lecturas dominicales: Jeremías 17, 5-8; 1 Corintios 15, 12. 16-20; Lucas 6, 17. 20-26.

[3] Puebla, 1129.

[4] El 2 de febrero de 1980 la universidad de Lovaina, Bélgica, confirió a Mons. Romero un título *honoris causa*.

[5] Marcos 1, 15; Lucas 6, 20.

[6] Ver: Amós, 6, 3-4; Isaías 5, 8.

[7] Pobreza de la Iglesia, 4a; 2 Corintios 8, 9.

[8] Lucas 6, 22-23.

[9] Lucas 6, 26.

[10] Deuteronomio 26, 5-7.

[11] La Universidad Centroamericana "José Simeón Cañas" (UCA) sufrió varios atentados de bombas, comenzando en el año 1976.

[12] Josué 5, 10-12.

[13] Mateo 25, 35-36.

[14] Constitución pastoral sobre la Iglesia en el mundo actual, 39, Concilio Vaticano II.

[15] Oscar Romero pronunció estas palabras minutos antes de ser asesinado. Estaba por concluir su homilía durante una misa celebrada en un hospital de San Salvador, cuando el asesino penetró la capilla por el fondo y lo mató de un tiro.